Ennio Morricone
Anthology

Volontè&Co

Foto di copertina by Ars Latina

© 2008, 2012, 2023 Volontè & Co. s.r.l. - Milano

Tutti i diritti riservati. All rights reserved.
Nessuna parte di questa pubblicazione può essere riprodotta o copiata in qualsiasi forma o uso, elettronico, meccanico, fotocopiato, registrato, senza l'autorizzazione dell'editore.

www.volonte-co.com

4	**ACCADDE A VENEZIA**	
	from "Fatti di gente per bene"	
6	**CANONE INVERSO**	
	from "Canone inverso"	
8	**COCKEY'S SONG**	
	from "C'era una volta in America" - "Once upon a time in America"	
10	**COME UN MADRIGALE**	
	from "Quattro mosche di velluto grigio" - "Four flies on a grey velvet"	
18	**GABRIEL'S OBOE**	
	from "The Mission"	
13	**GIÙ LA TESTA**	
	from "Giù la testa" - "A fistful of dynamite"	
20	**IL BUONO, IL BRUTTO, IL CATTIVO**	
	from "Il buono, il brutto, il cattivo" - "The good, the bad and the ugly"	
24	**IL GATTO**	
	from "Il gatto" - "The cat"	
27	**INDAGINE**	
	from "Indagine su un cittadino al di sopra di ogni sospetto"	
30	**LA STORIA VERA DELLA SIGNORA DELLE CAMELIE**	
	from "La storia vera della signora delle camelie"	
33	**L'UOMO DELL'ARMONICA**	
	from "C'era una volta il west" - "Once upon a time in the west"	
36	**METTI, UNA SERA A CENA**	
	from "Metti, una sera a cena"	
40	**NON RIMANE PIÙ NESSUNO**	
	from "L'uccello dalle piume di cristallo" - "The bird with a crystal plumage"	
68	**NUOVO CINEMA PARADISO**	
	from "Nuovo cinema paradiso"	
43	**ONCE UPON A TIME IN AMERICA**	
	from "C'era una volta in America" - "Once upon a time in America"	
44	**PER QUALCHE DOLLARO IN PIÙ**	
	from "Per qualche dollaro in più" - "For a few dollars more"	
48	**PLAYING LOVE**	
	from "La leggenda del pianista sull'oceano"	
65	**TEMA D'AMORE (LOVE THEME)**	
	from "Nuovo cinema paradiso"	
52	**THE MISSION**	
	from "The Mission"	
54	**THE UNTOUCHABLES**	
	from "Gli intoccabili" - "The untouchables"	
57	**TITOLI (C'ERA UNA VOLTA IL WEST)**	
	from "C'era una volta il west" - "Once upon a time in the west"	
60	**TITOLI (PER UN PUGNO DI DOLLARI)**	
	from "Per un pugno di dollari" - "A Fistful of dollars"	

"Fatti di gente per bene"
ACCADDE A VENEZIA

E. Morricone

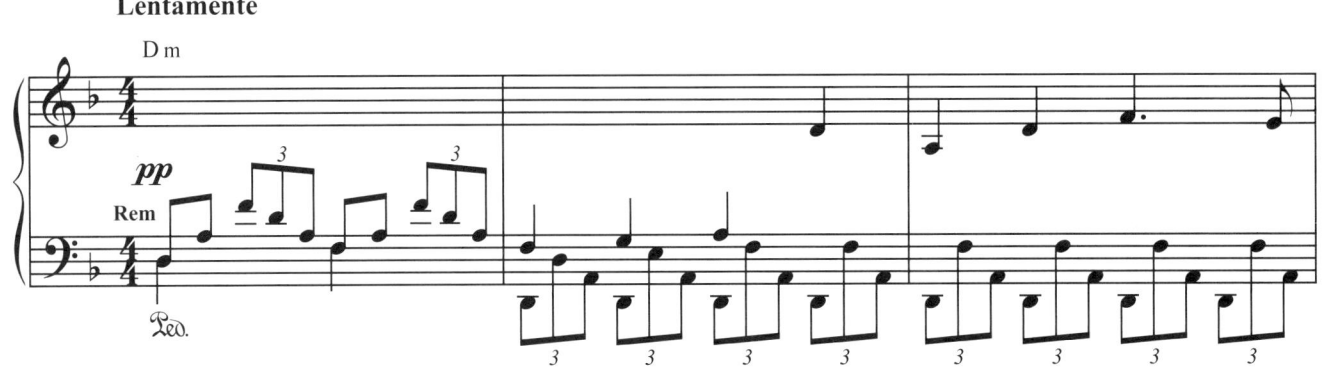
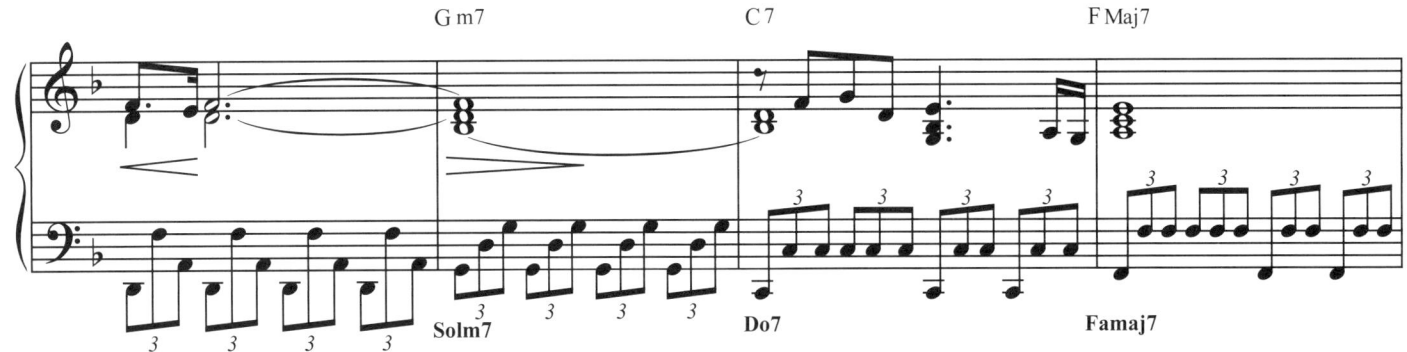
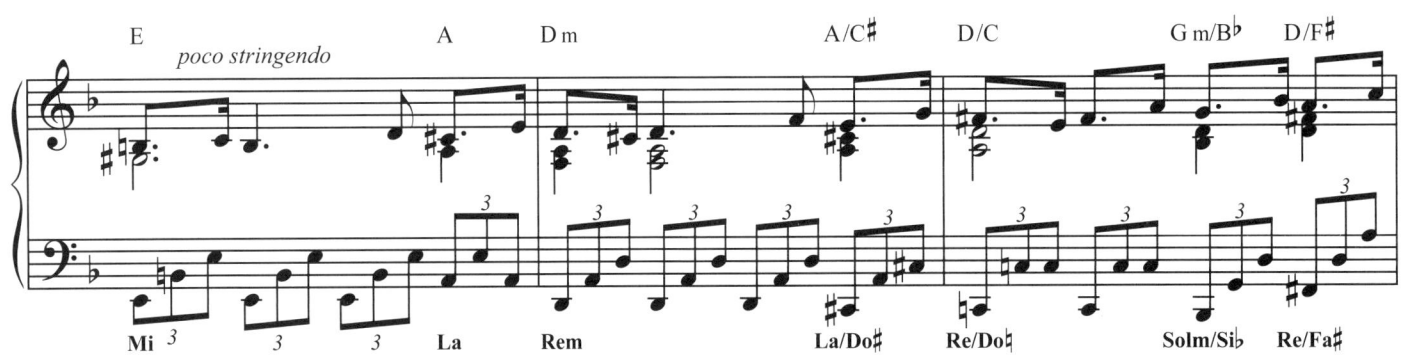

© 1974 by Edizioni Musicali BIXIO C.E.M.S.A. srl - Via Romeo Romei, 15 - Roma
International Copyright secured. All Rights Reserved.

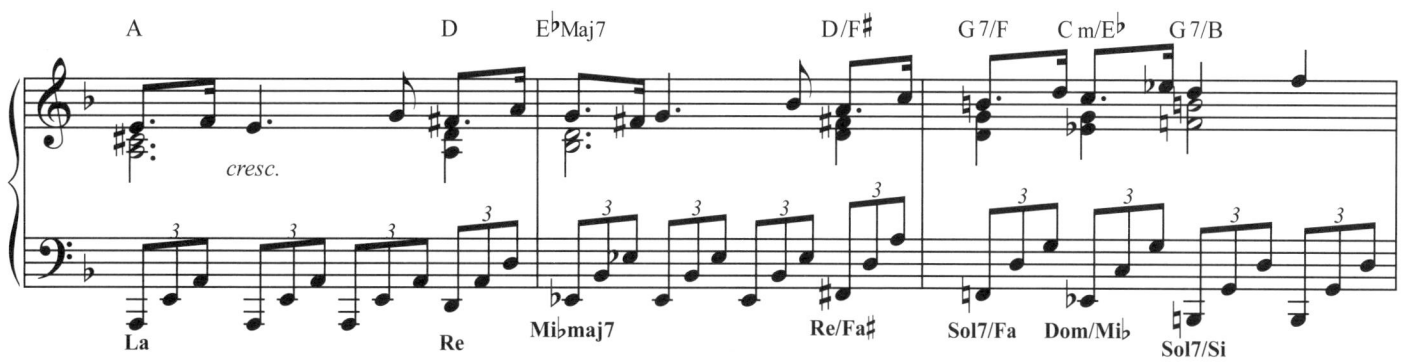
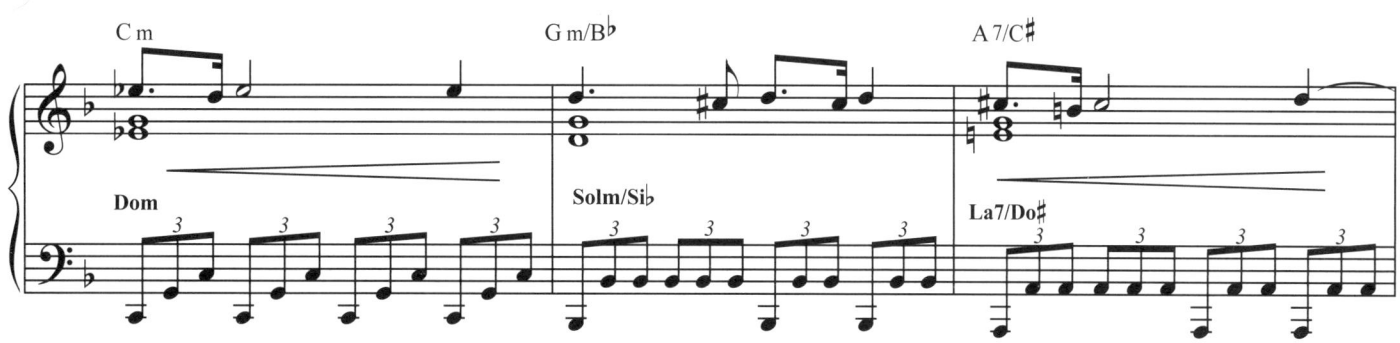

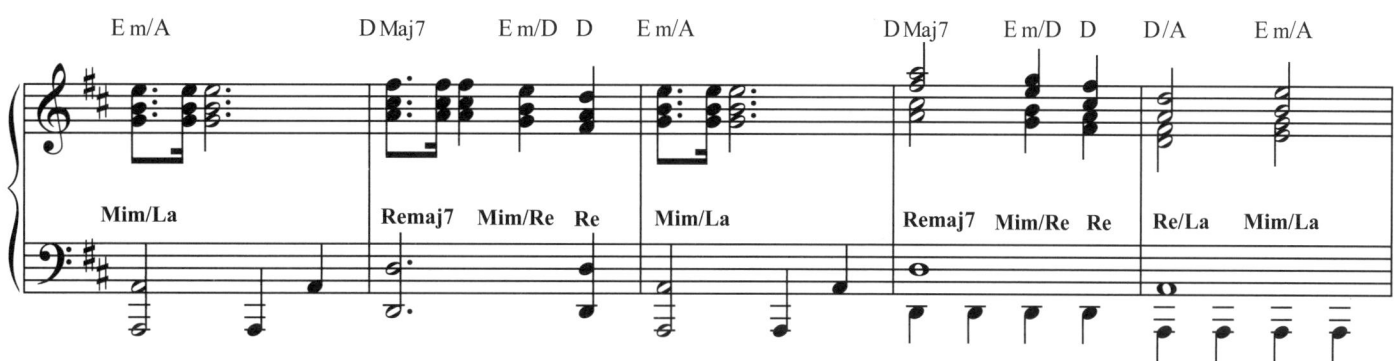
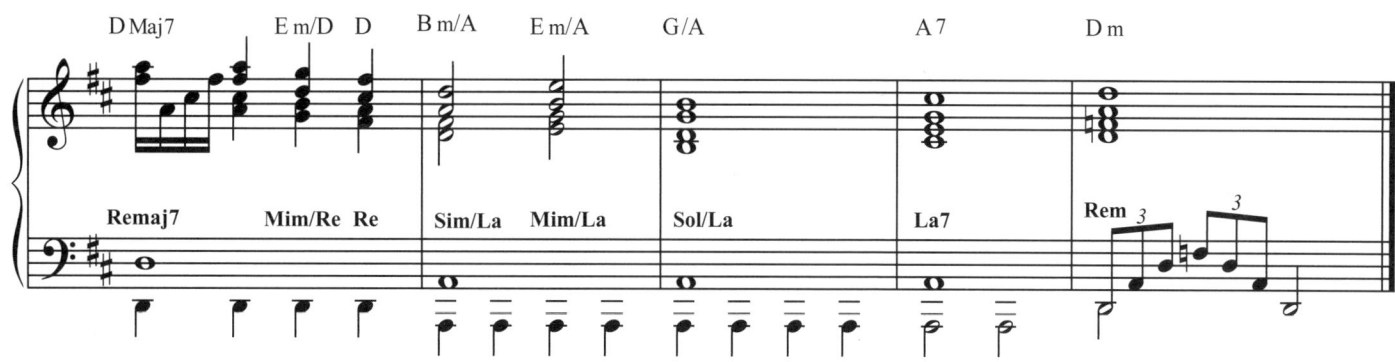

"Canone inverso"

CANONE INVERSO

E. Morricone

Canone Inverso Primo

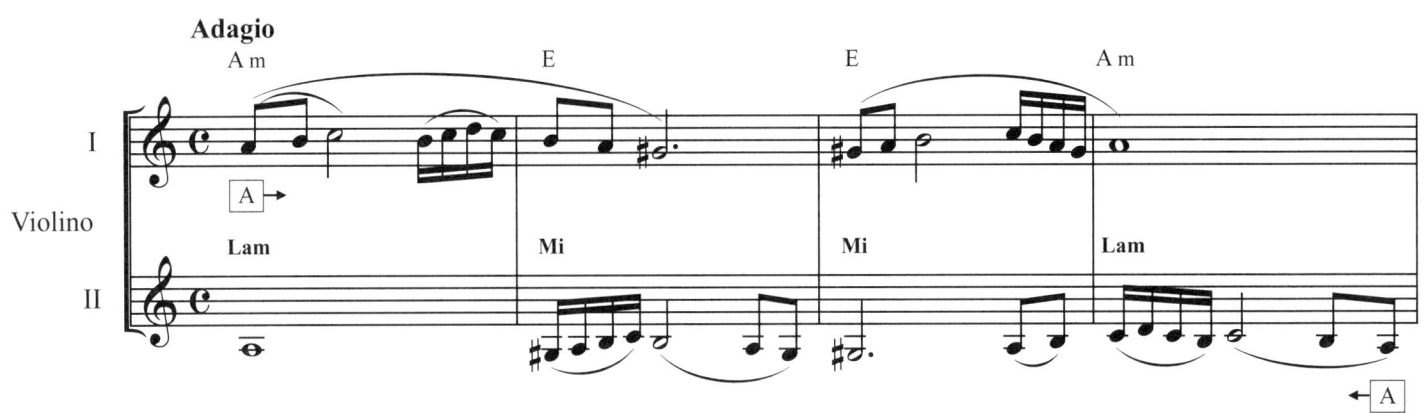

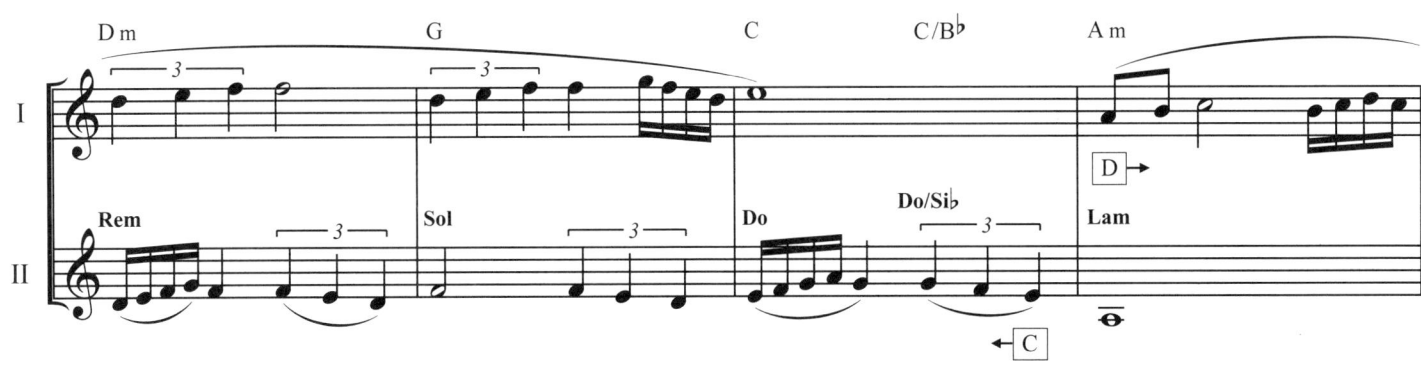
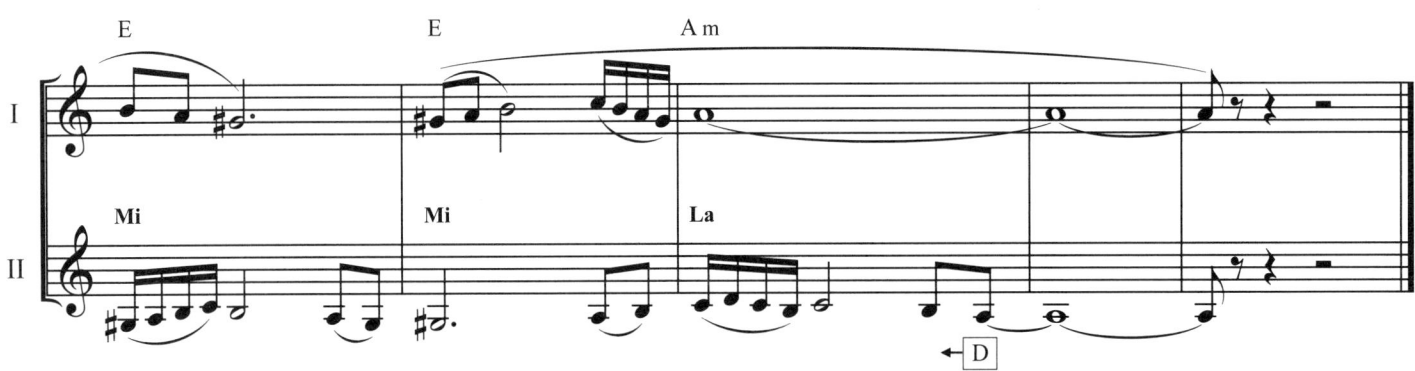

© 2000 by Cecchi Gori Music s.r.l. - P.le Flaminio, 9 - 00196 Roma
International Copyright secured. All Rights Reserved.

Canone Inverso Secondo

"Once upon a time in America" (C'era una volta in America)

COCKEY'S SONG

E. Morricone

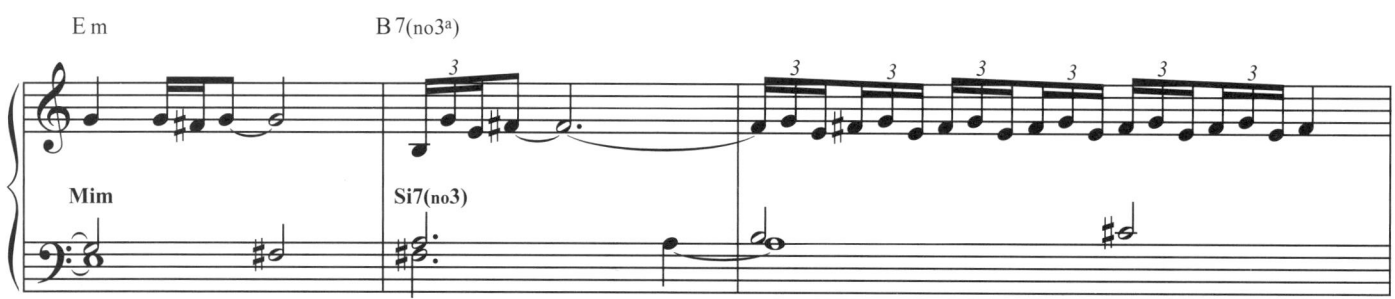

© 1984 Hapax International Pictures
Sub-editore per l'Italia: Warner Bros. Music Italy Srl - Milano
Pubblicato su licenza Carisch Srl
International Copyright secured. All Rights Reserved.

"Quattro mosche di velluto grigio" (Four flies on a grey velvet)

COME UN MADRIGALE

E. Morricone

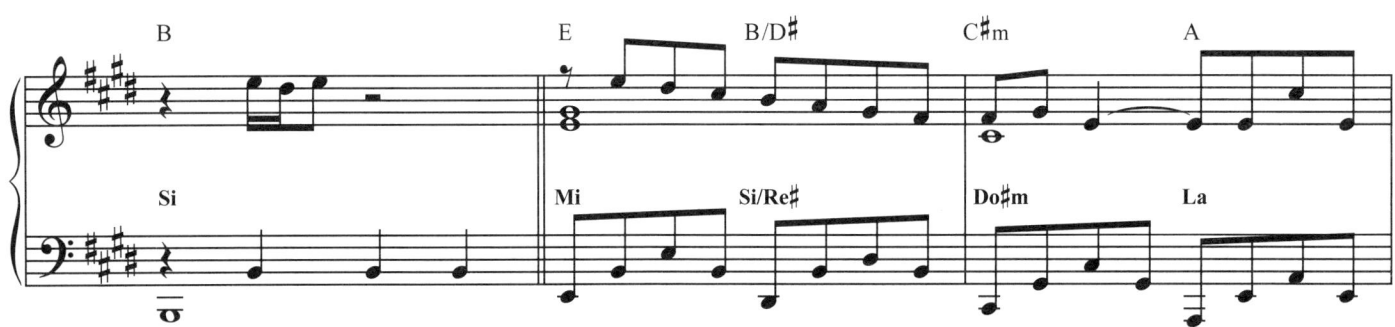

© 1970 by Edizioni Musicali BIXIO C.E.M.S.A. srl - Via Romeo Romei, 15 - Roma
International Copyright secured. All Rights Reserved.

"Giù la testa" (Duck you sucker)
GIÙ LA TESTA

E. Morricone

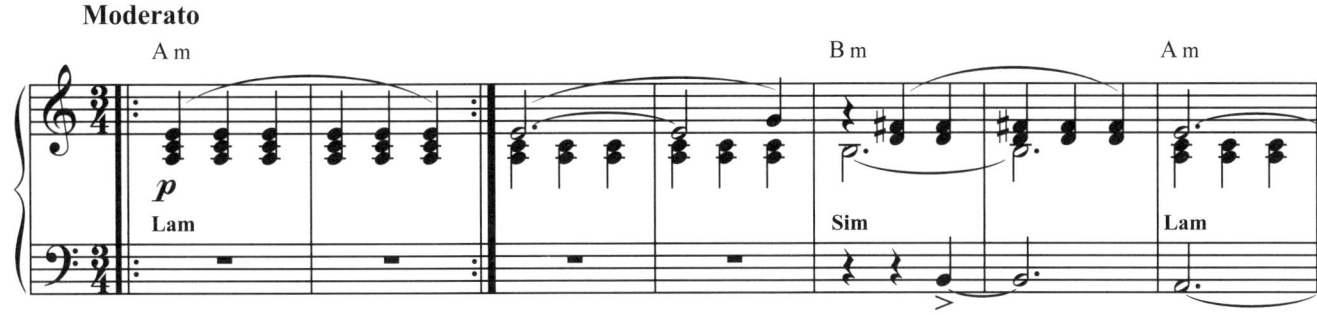
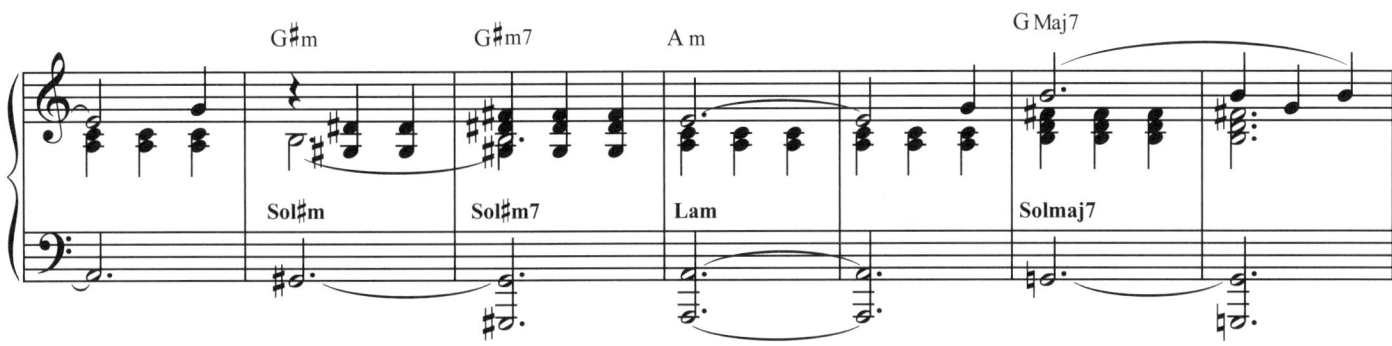
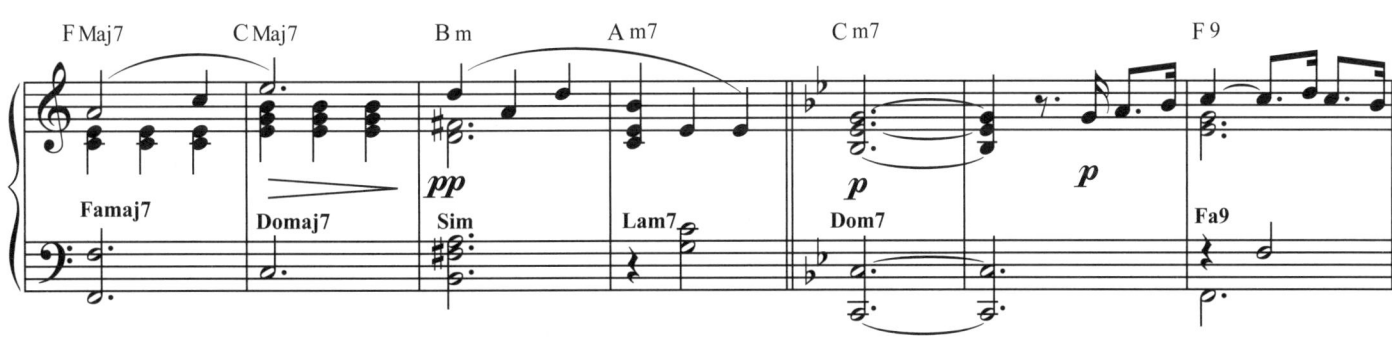
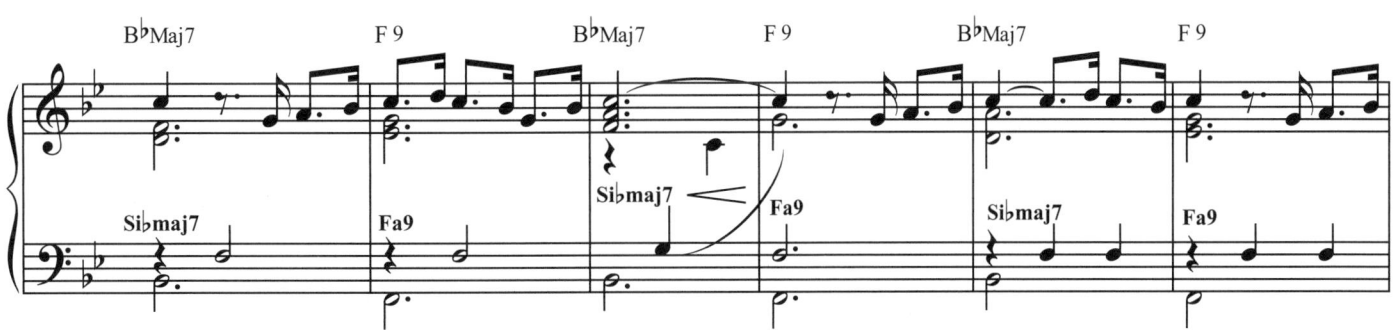

© 1970 by Edizioni Musicali BIXIO C.E.M.S.A. srl - Via Romeo Romei, 15 - Roma
International Copyright secured. All Rights Reserved.

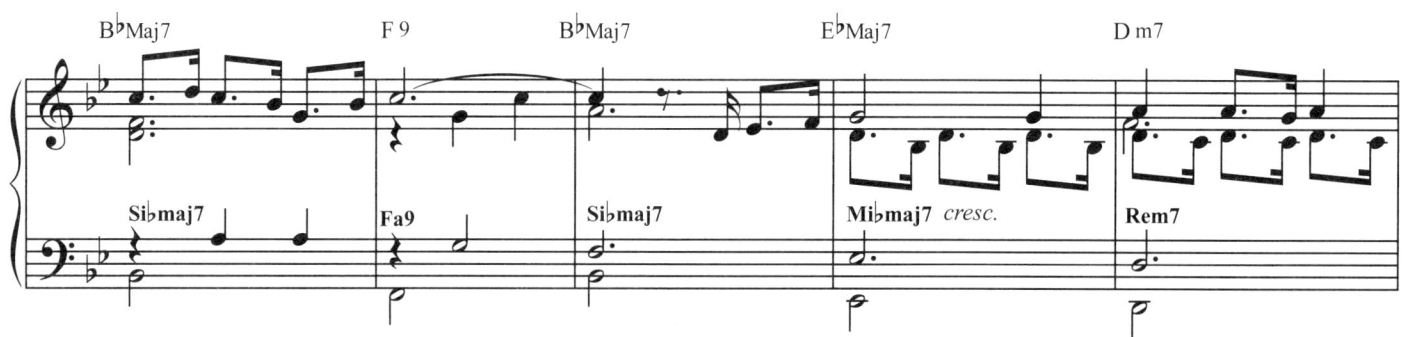

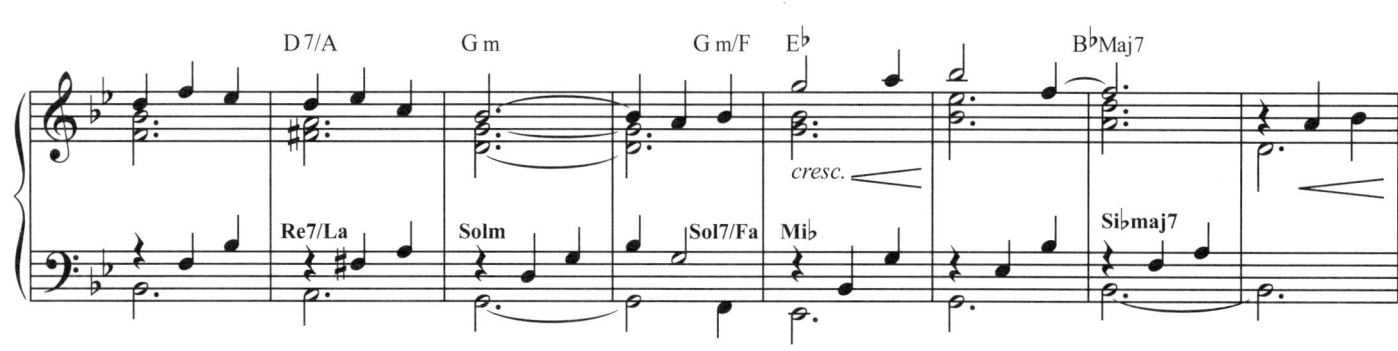
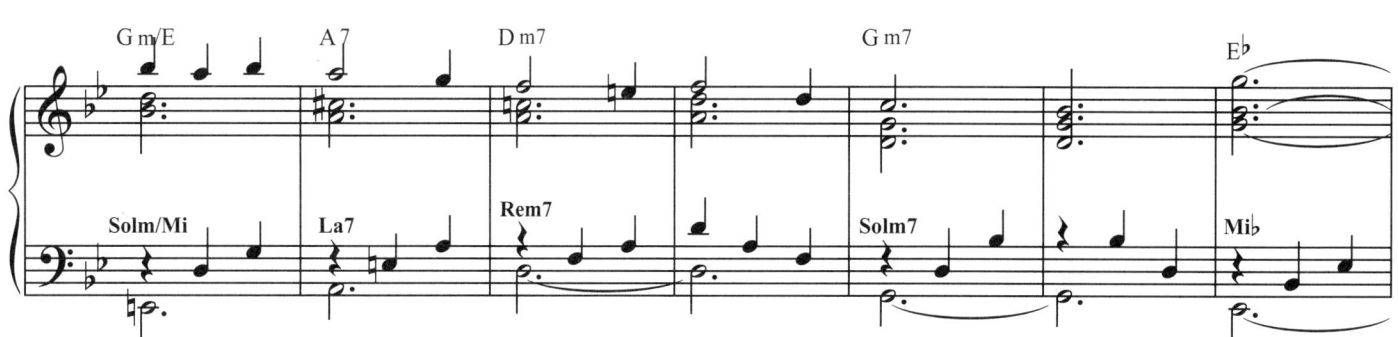

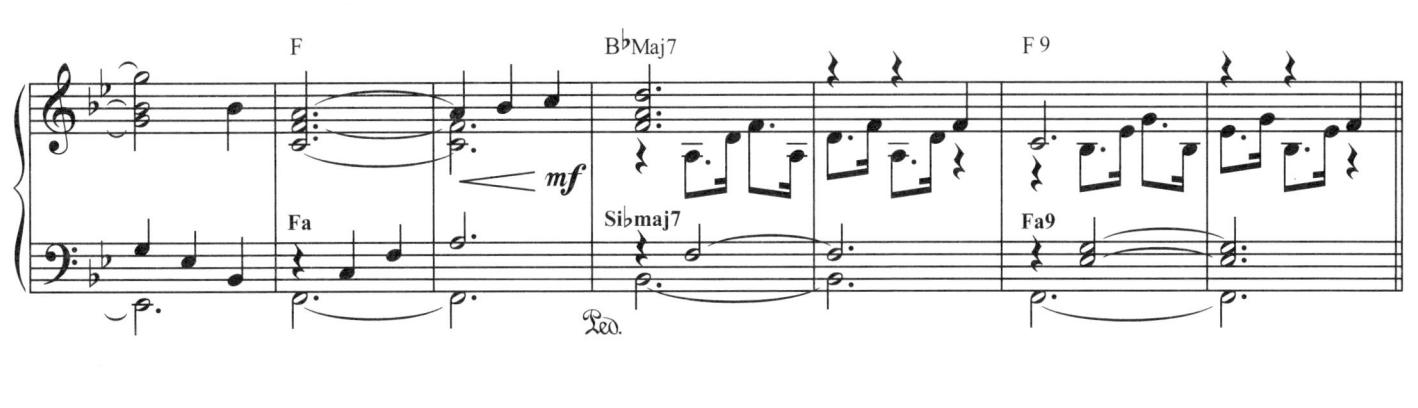
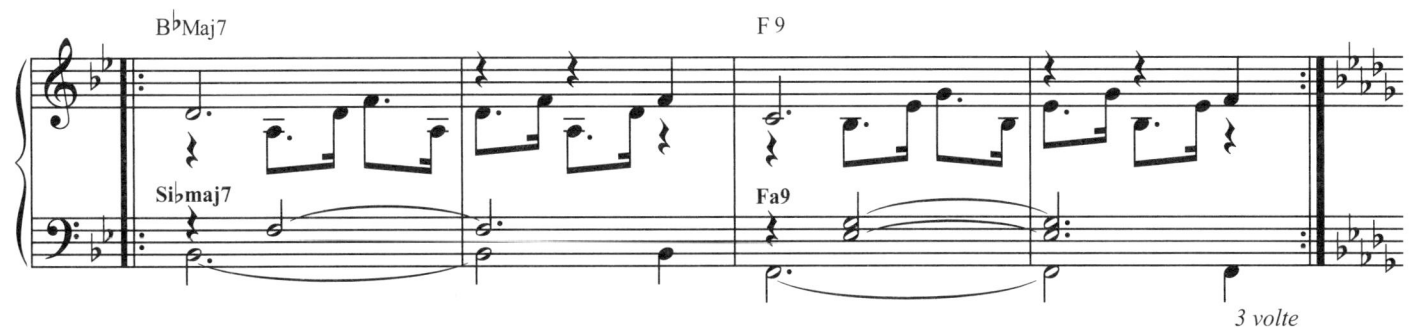
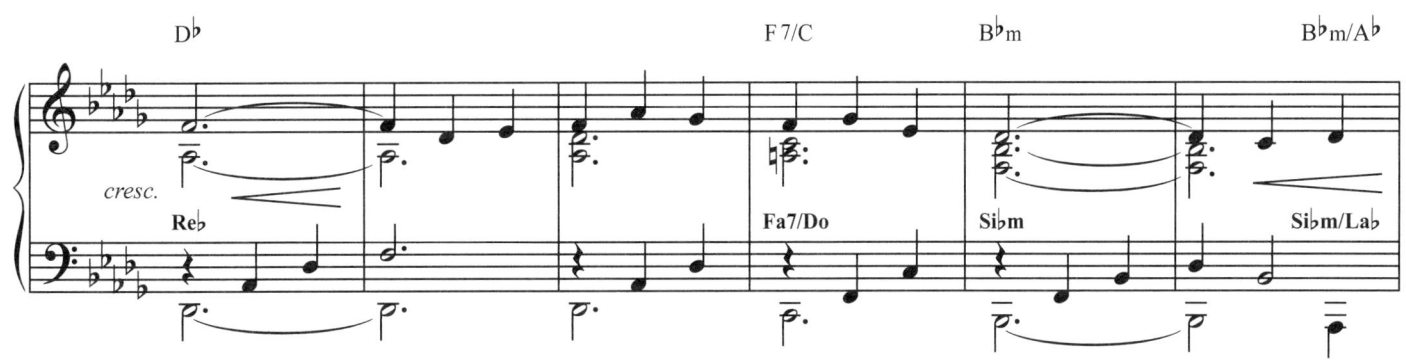
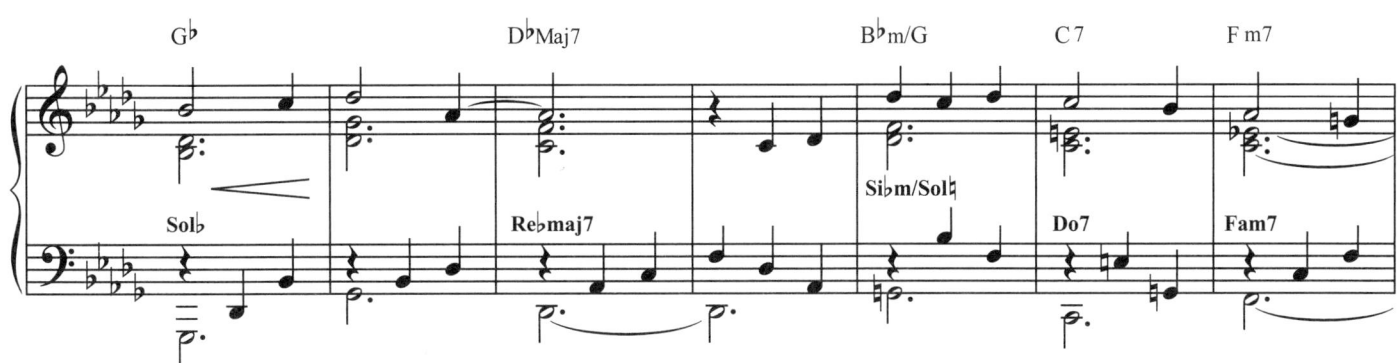
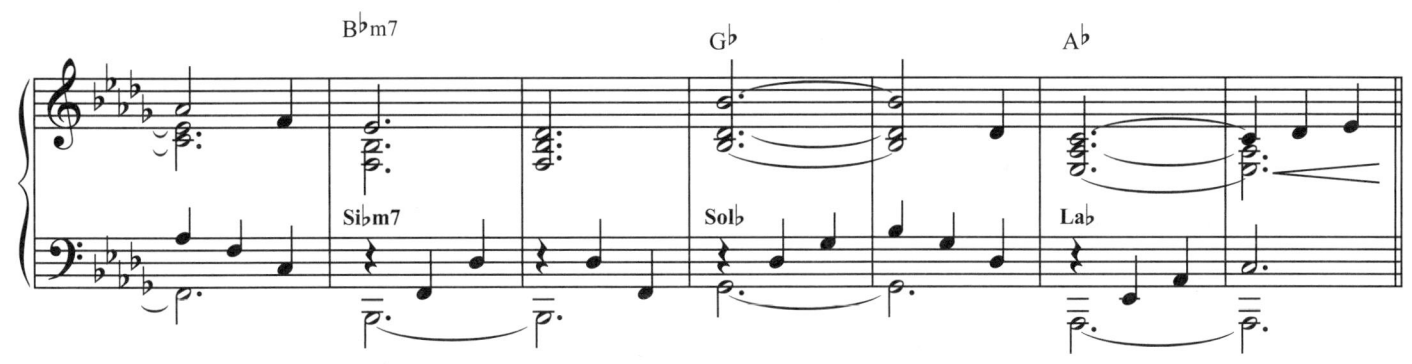

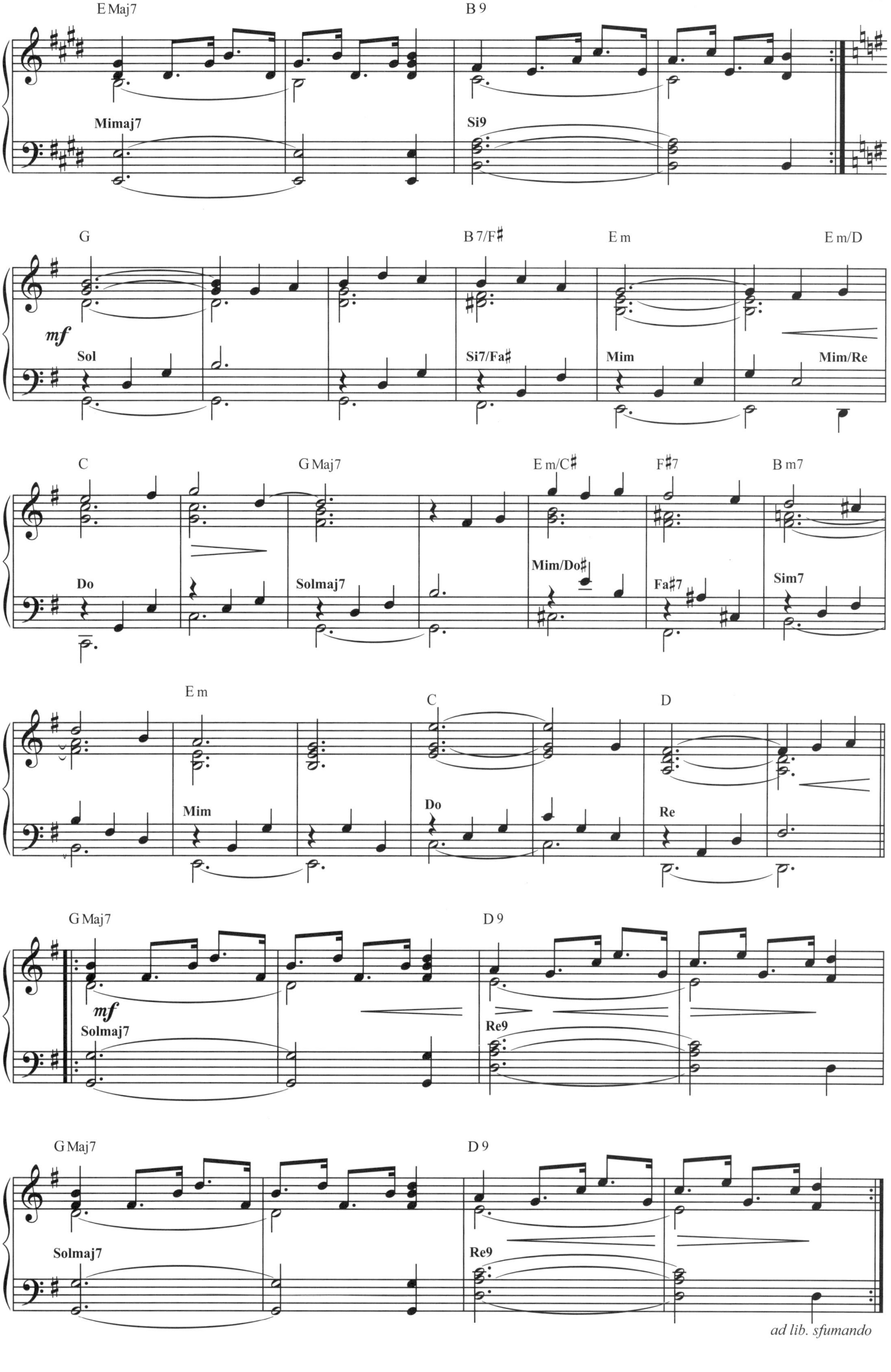
E Maj7
B 9
Mimaj7
Si9
G
B 7/F♯
E m
E m/D
mf
Sol
Si7/Fa♯
Mim
Mim/Re
C
G Maj7
E m/C♯
F♯7
B m7
Do
Solmaj7
Mim/Do♯
Fa♯7
Sim7
E m
C
D
Mim
Do
Re
G Maj7
D 9
mf
Solmaj7
Re9
G Maj7
D 9
Solmaj7
Re9
ad lib. sfumando

"The Mission"
GABRIEL'S OBOE

E. Morricone

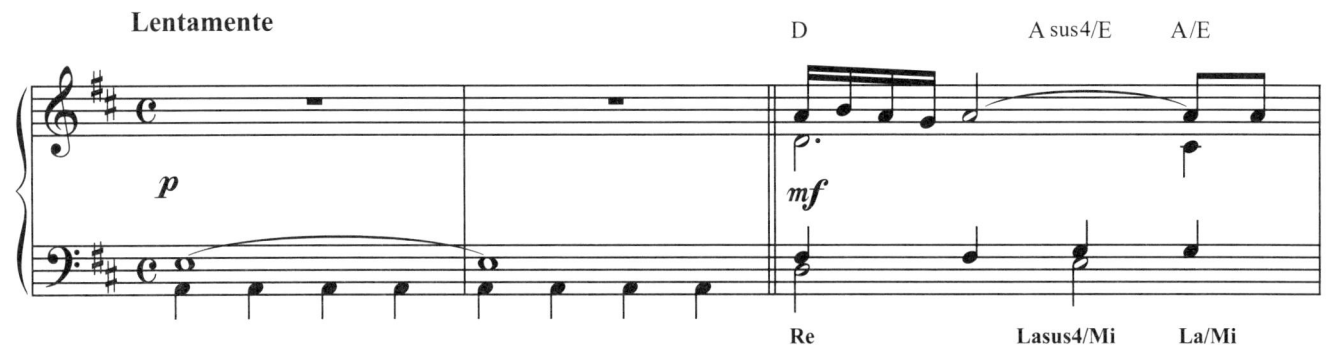

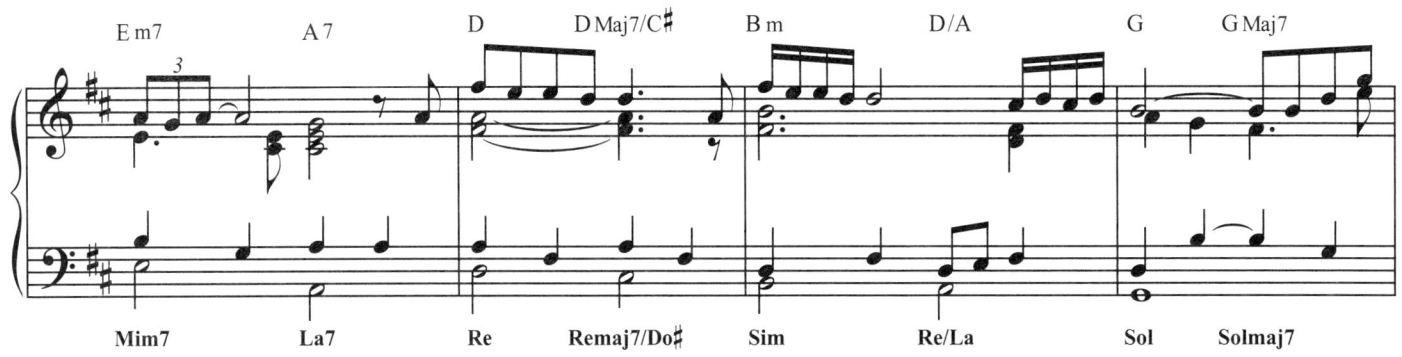
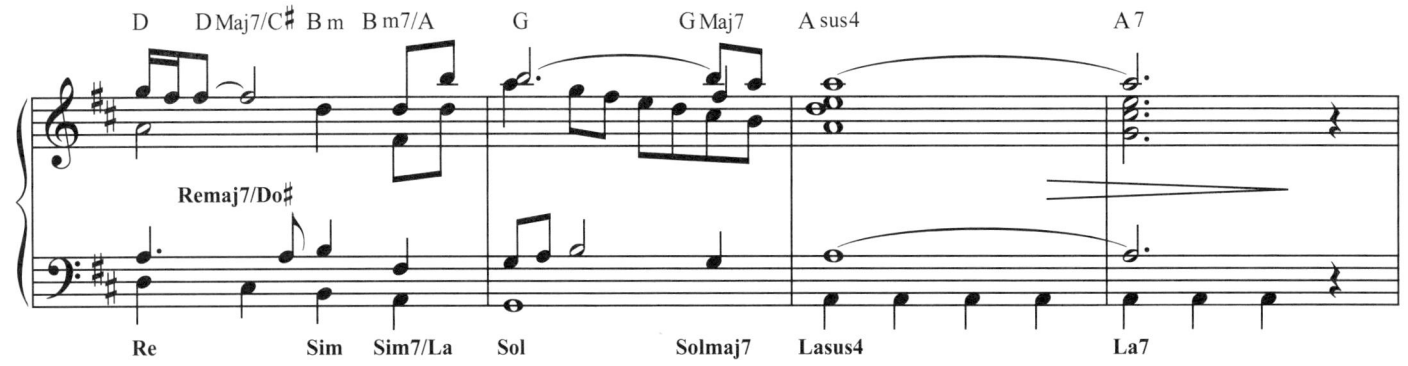

© 1986 EMI Virgin Music Ltd
Reproduced by permission of International Music Publications Ltd (a trading name of Faber Music Ltd)
International Copyright secured. All Rights Reserved.

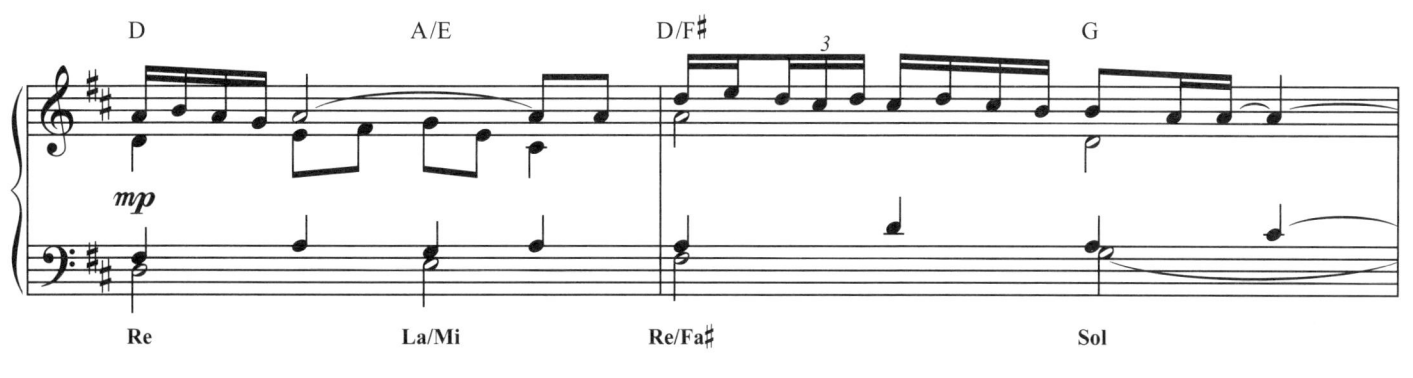
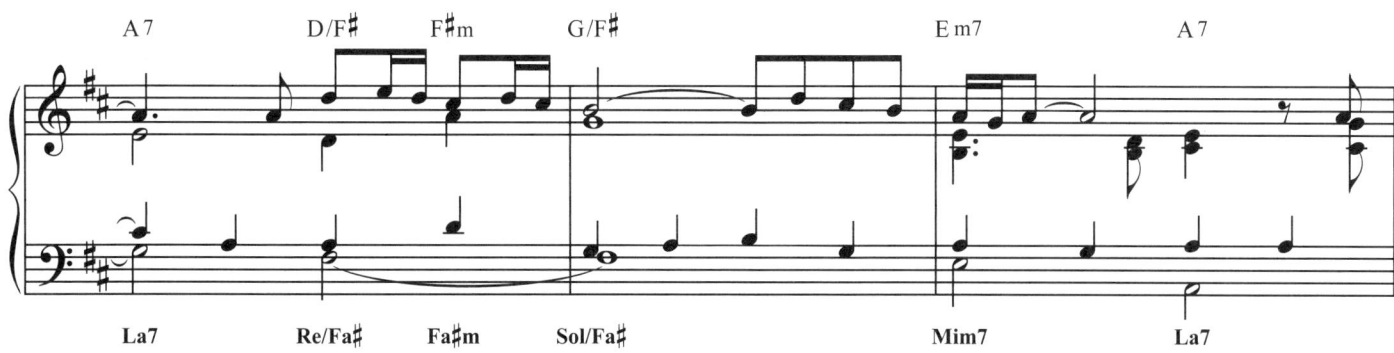
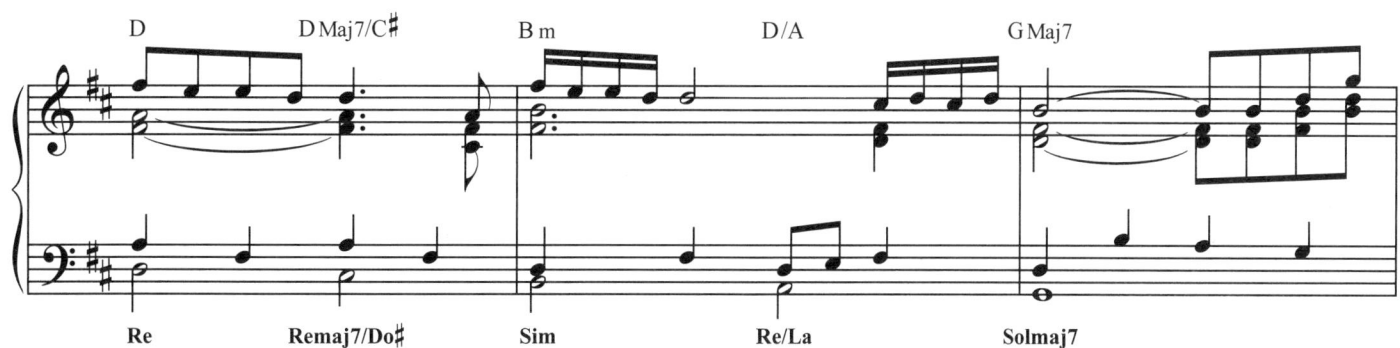
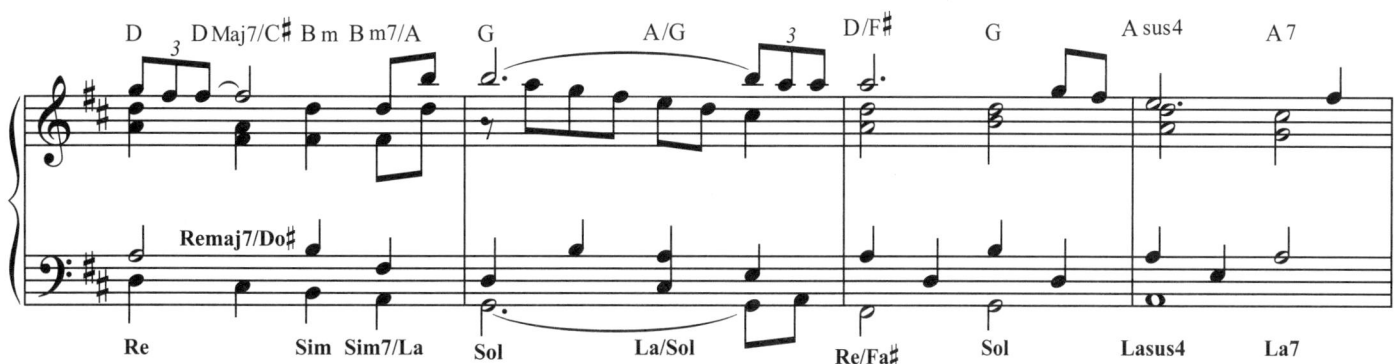
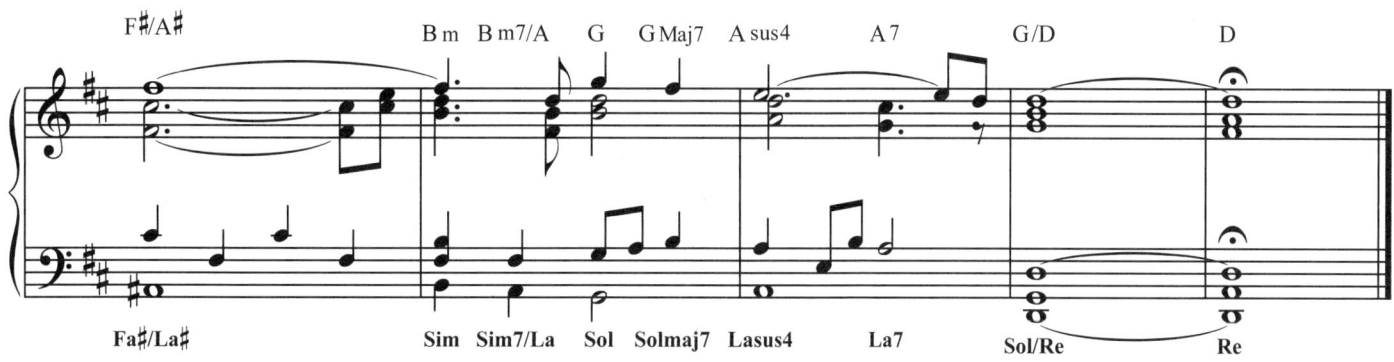

"Il buono, il brutto, il cattivo"

IL BUONO, IL BRUTTO, IL CATTIVO

E. Morricone

IL GATTO

"Il gatto" (The cat)

E. Morricone

Moderato

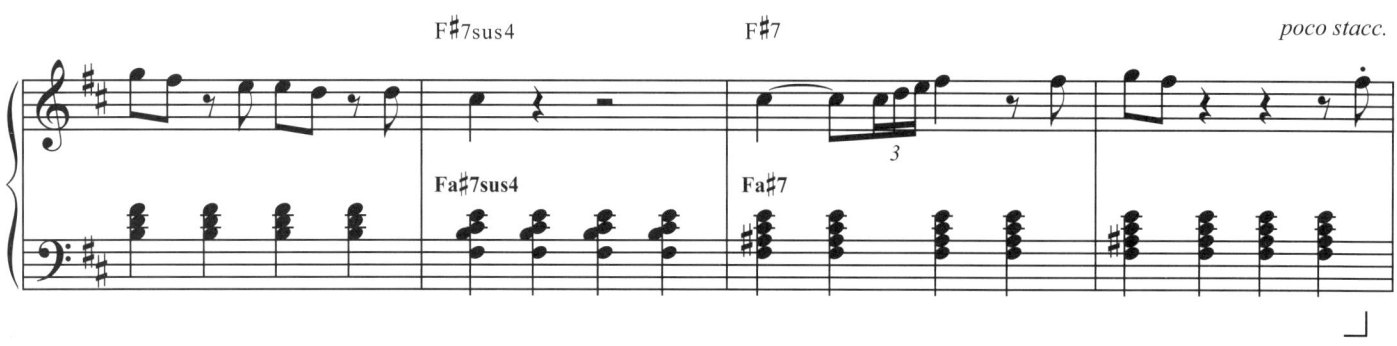

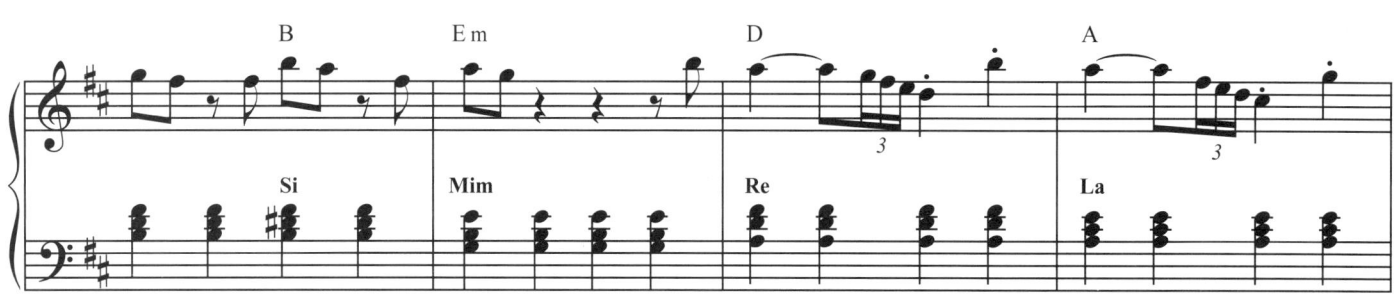

© 1977 by Edizioni Musicali BIXIO C.E.M.S.A. srl - Via Romeo Romei, 15 - Roma
International Copyright secured. All Rights Reserved.

Dal 𝄋 al ⊕, poi Coda

"Indagine su un cittadino al di sopra di ogni sospetto"
(Investigation above a citizen without suspicion)

INDAGINE

E. Morricone

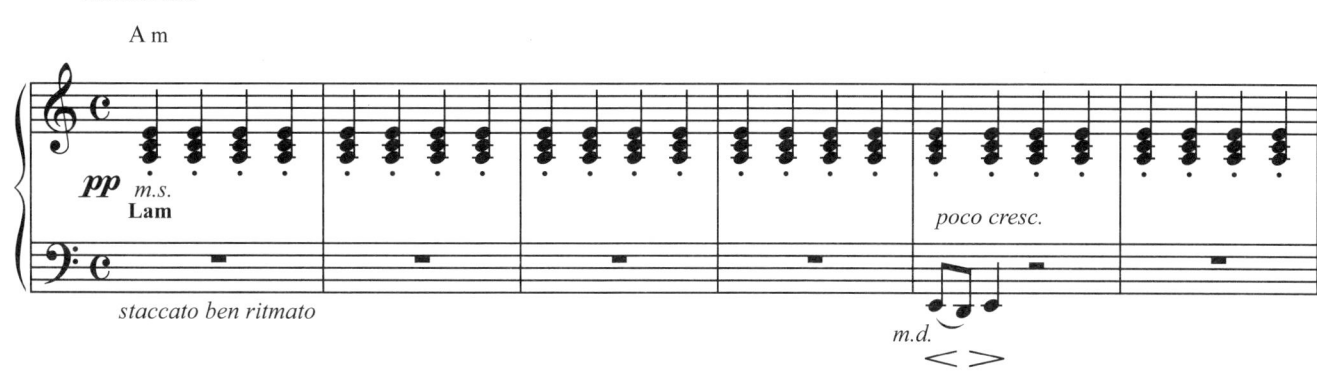
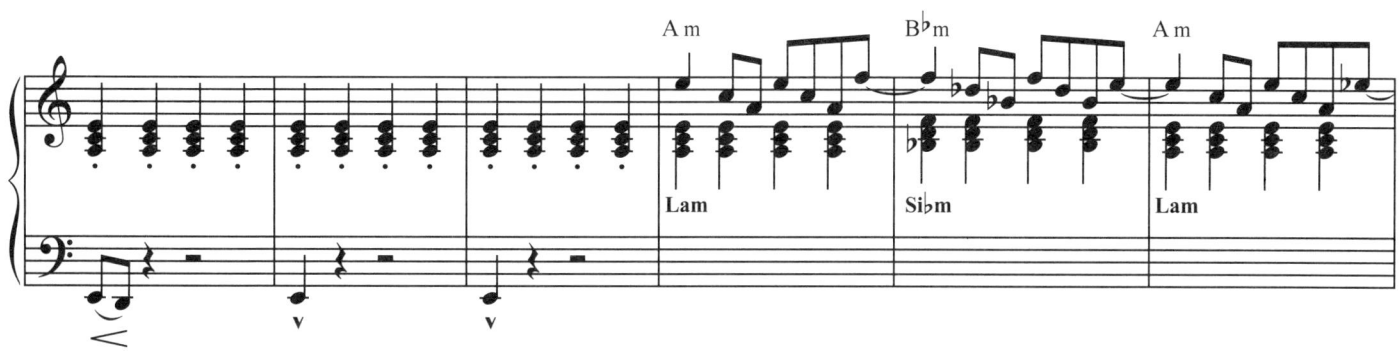
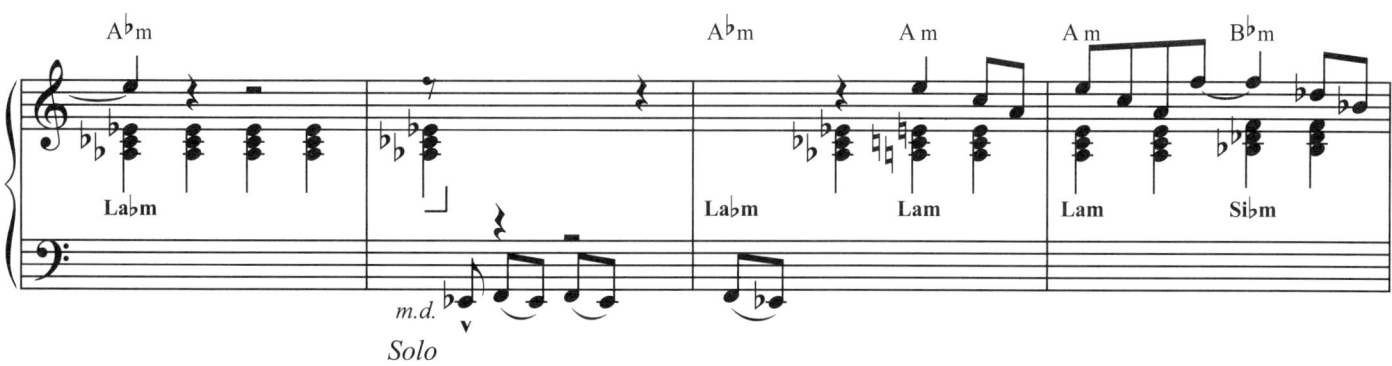
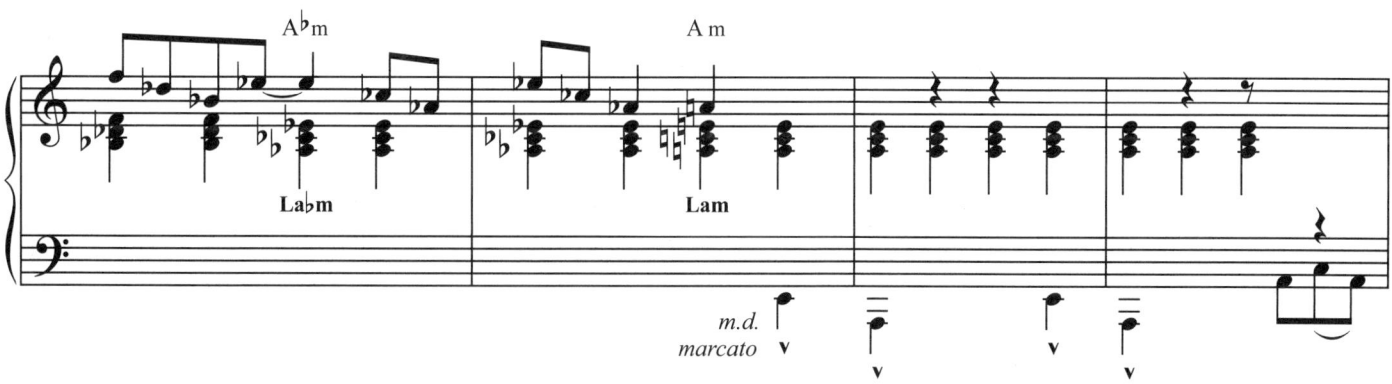

© 1970 by Edizioni Musicali BIXIO C.E.M.S.A. srl - Via Romeo Romei, 15 - Roma
International Copyright secured. All Rights Reserved.

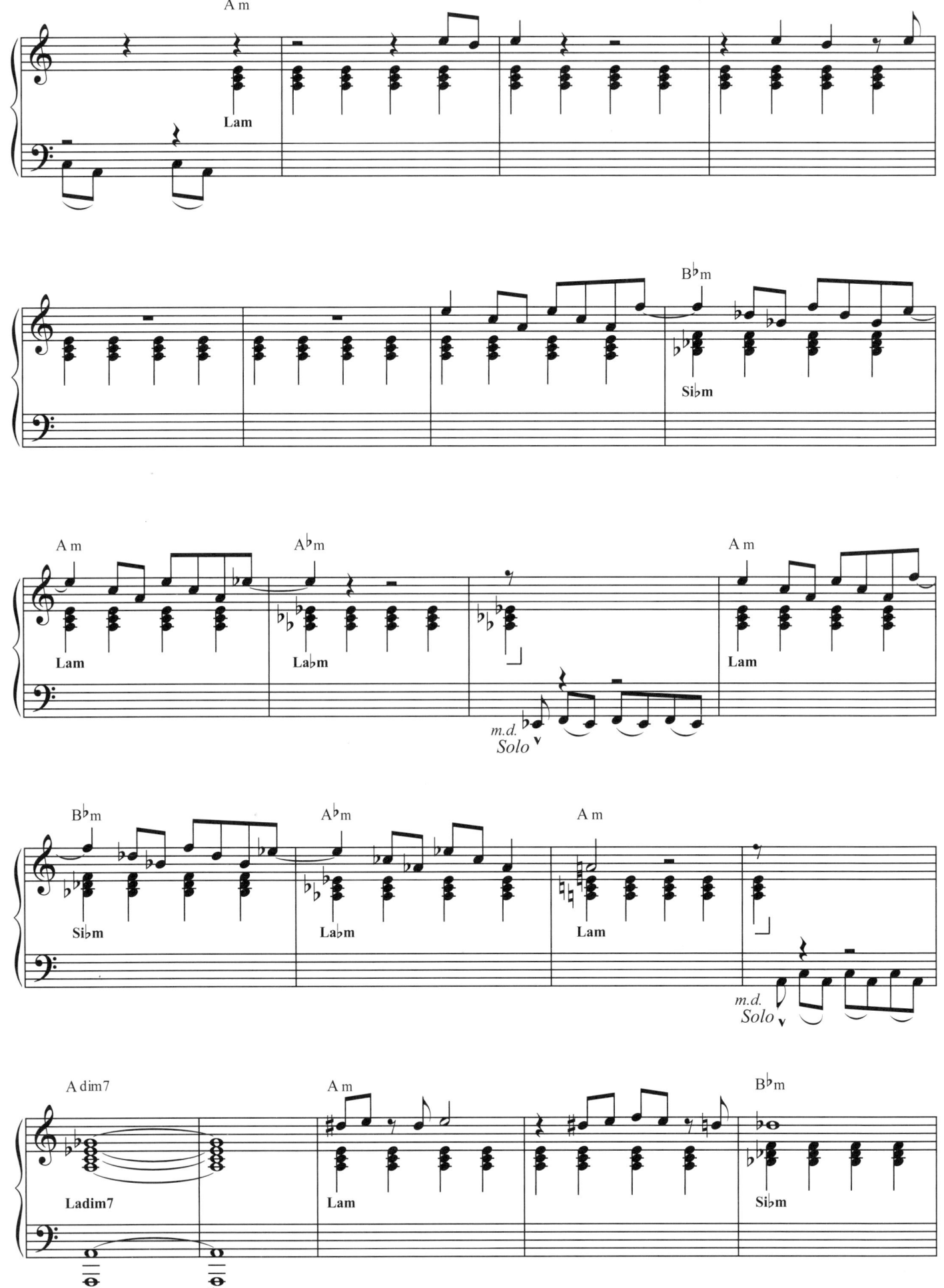

"La storia vera della signora delle camelie"
(The story of the lady with camelias)

LA STORIA VERA DELLA SIGNORA DELLE CAMELIE

E. Morricone

solo basso
senza armonie

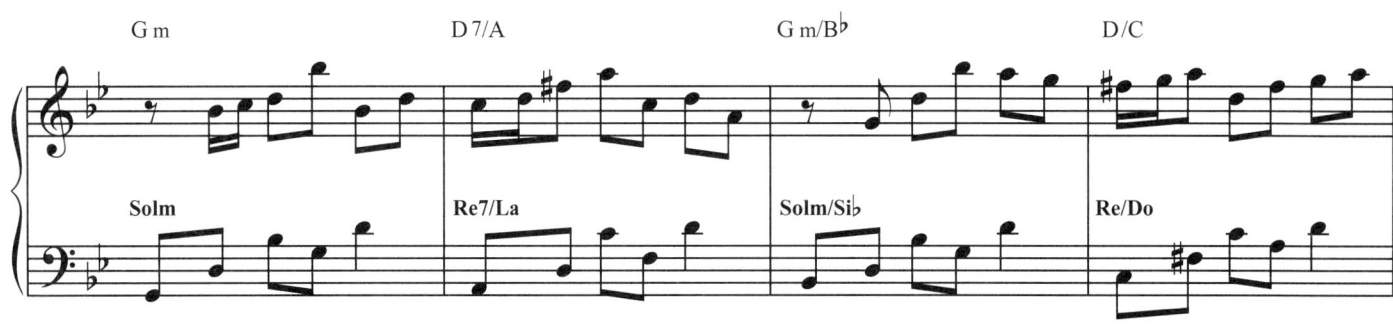

© 1980 by Edizioni Musicali BIXIO C.E.M.S.A. srl - Via Romeo Romei, 15 - Roma
International Copyright secured. All Rights Reserved.

"C'era una volta il west"
L'UOMO DELL'ARMONICA

E. Morricone

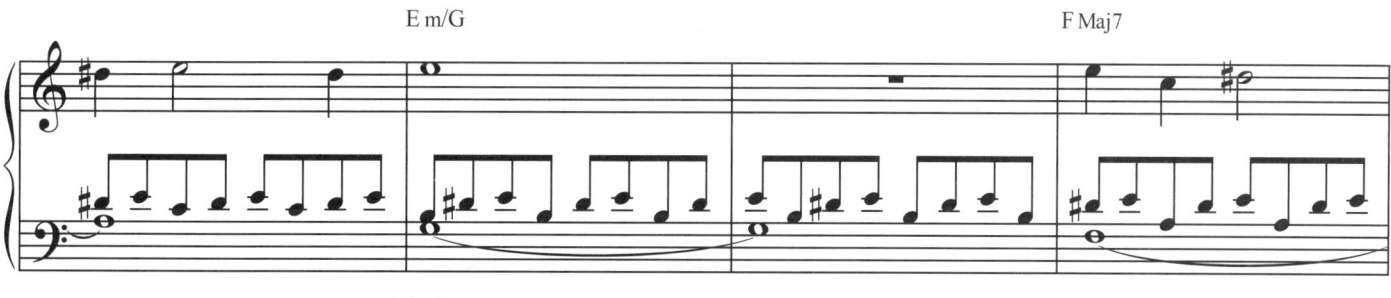
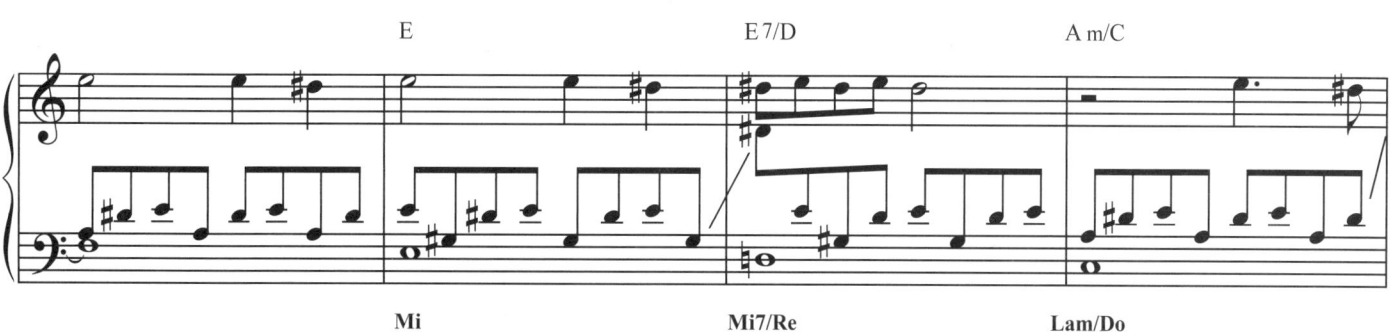
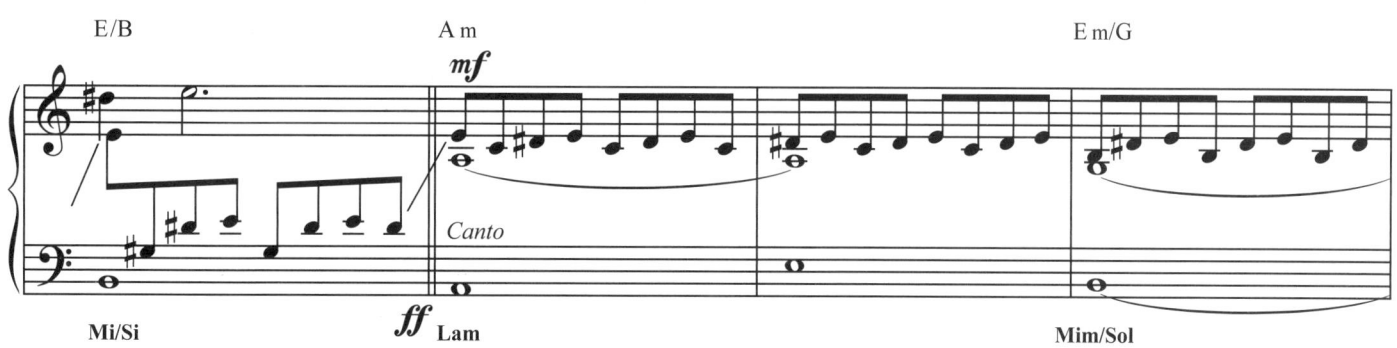

© 1969 UNIVERSAL MUSIC PUBLISHING RICORDI s.r.l. - Area Mac 4 - Via Benigno Crespi, 19 - 20159 Milano
International Copyright secured. All Rights Reserved.

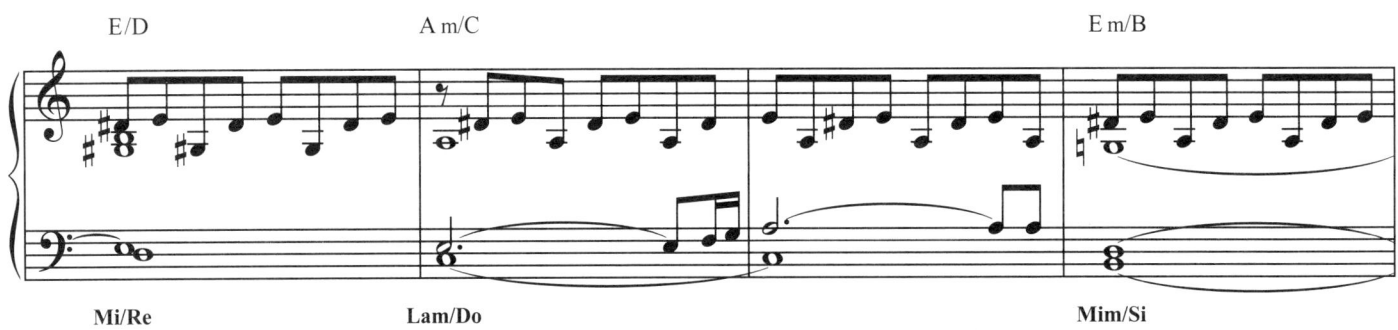
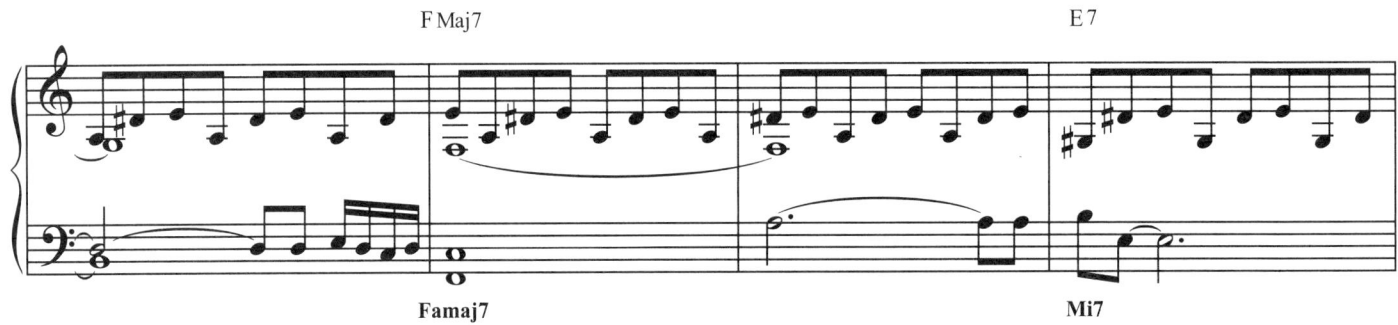
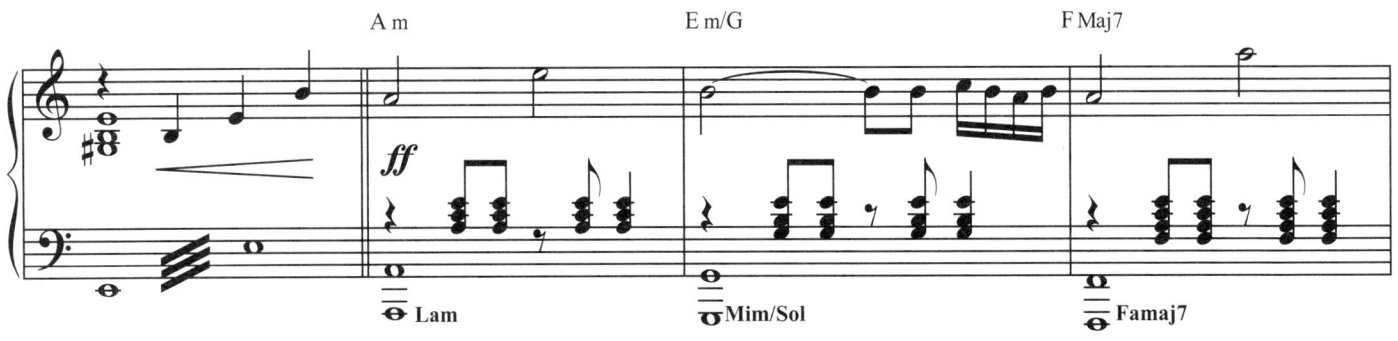
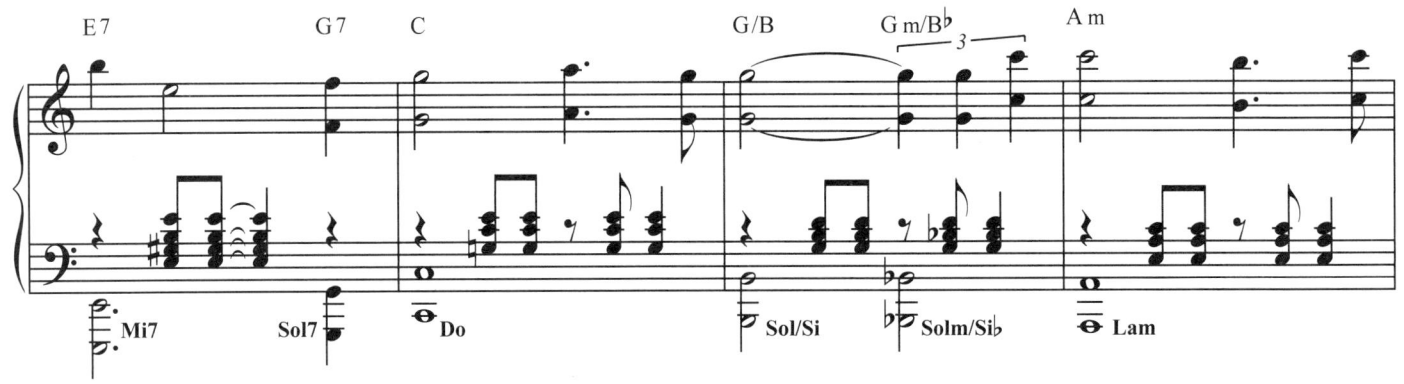

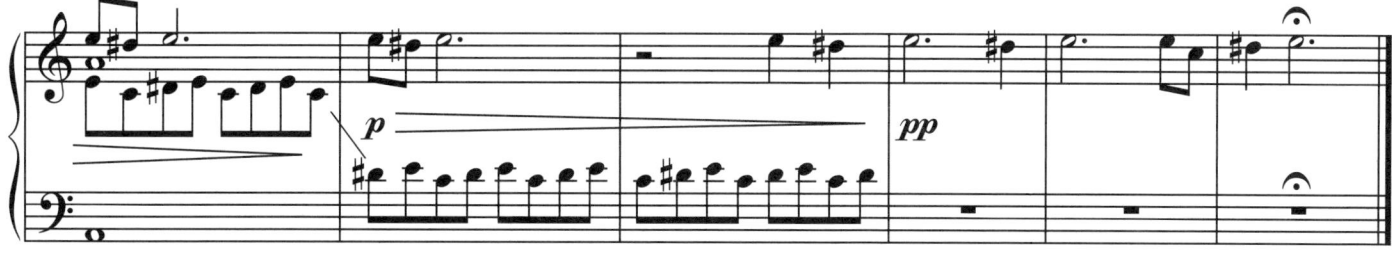

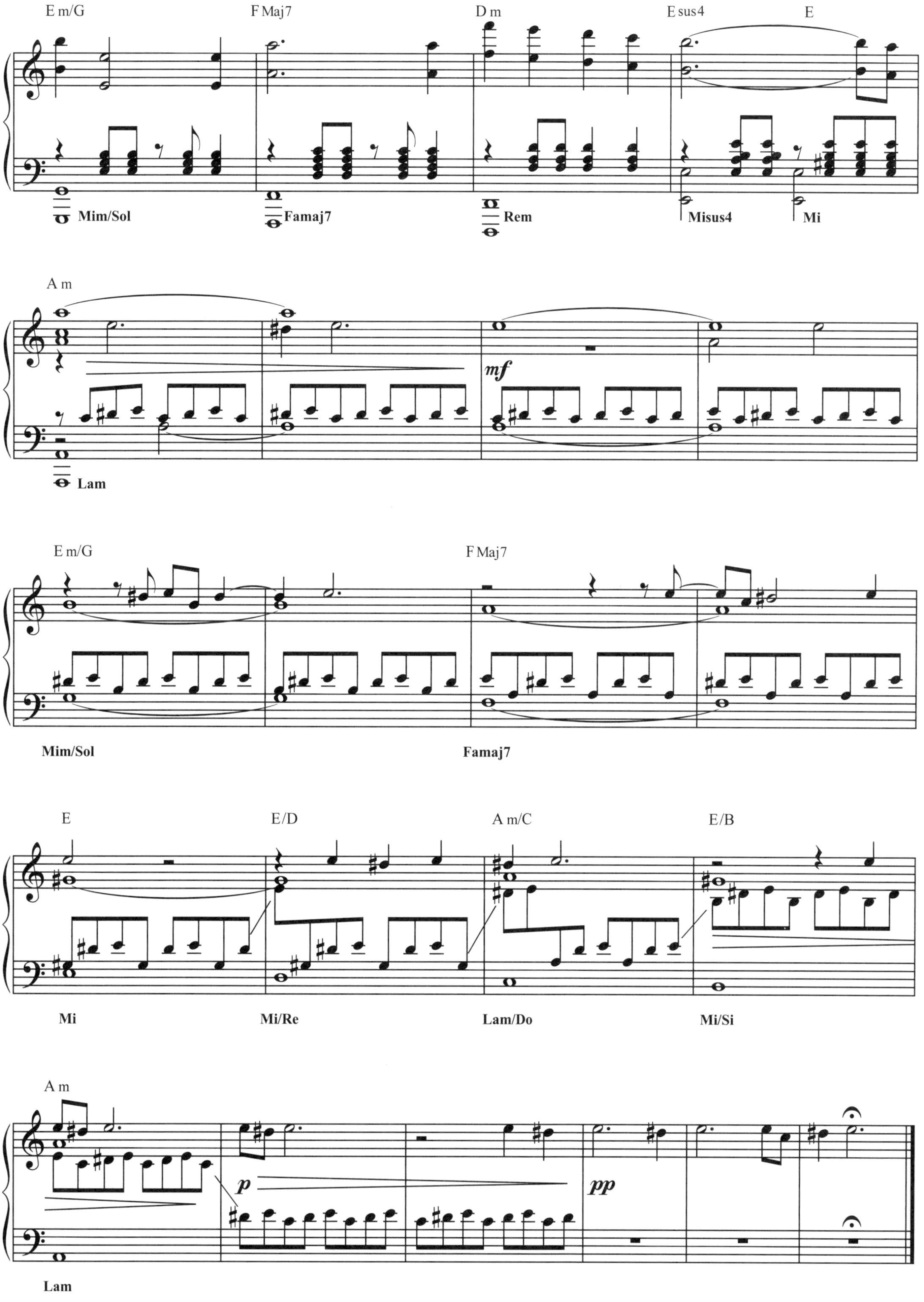
E m/G
F Maj7
D m
E sus4
E
Mim/Sol
Famaj7
Rem
Misus4
Mi
A m
mf
Lam
E m/G
F Maj7
Mim/Sol
Famaj7
E
E/D
A m/C
E/B
Mi
Mi/Re
Lam/Do
Mi/Si
A m
p
pp
Lam

METTI, UNA SERA A CENA

"Metti, una sera a cena" (Love circle)

E. Morricone

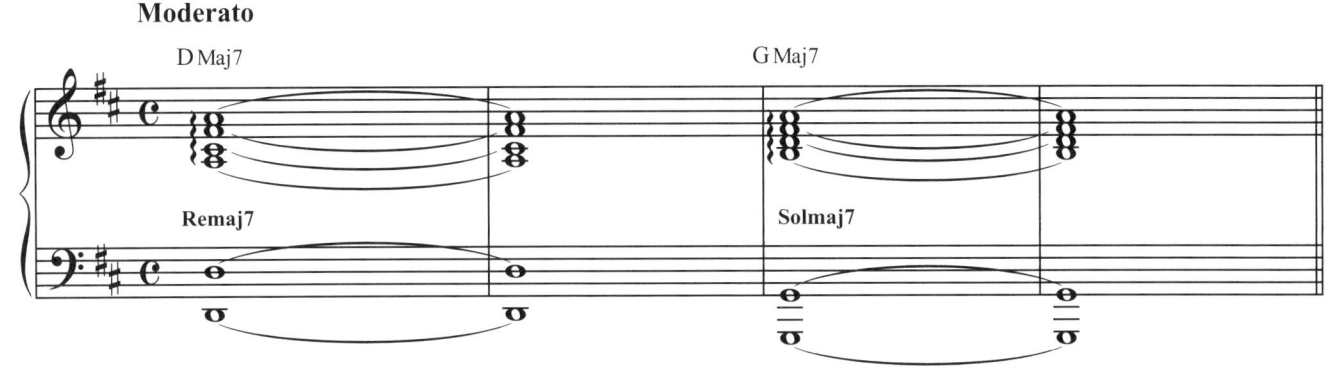
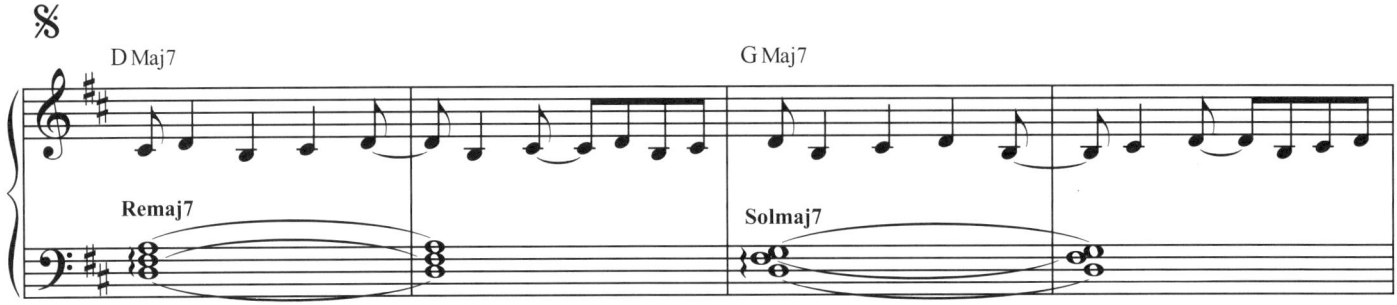

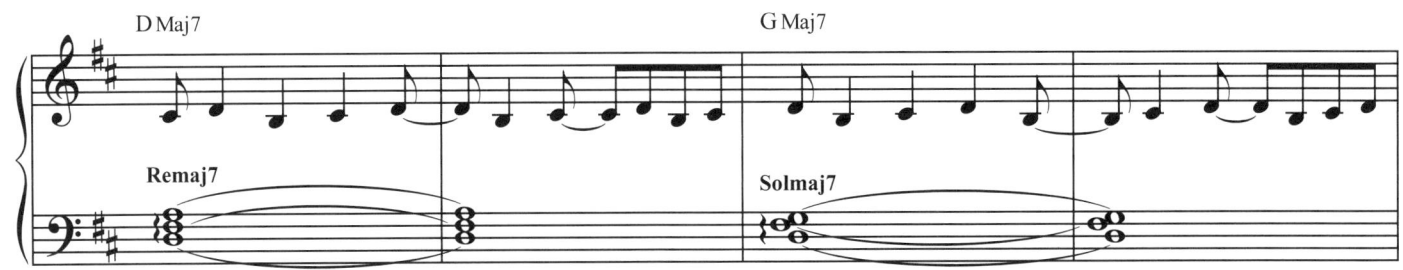

© 1976 by Edizioni Musicali BIXIO C.E.M.S.A. srl - Via Romeo Romei, 15 - Roma
International Copyright secured. All Rights Reserved.

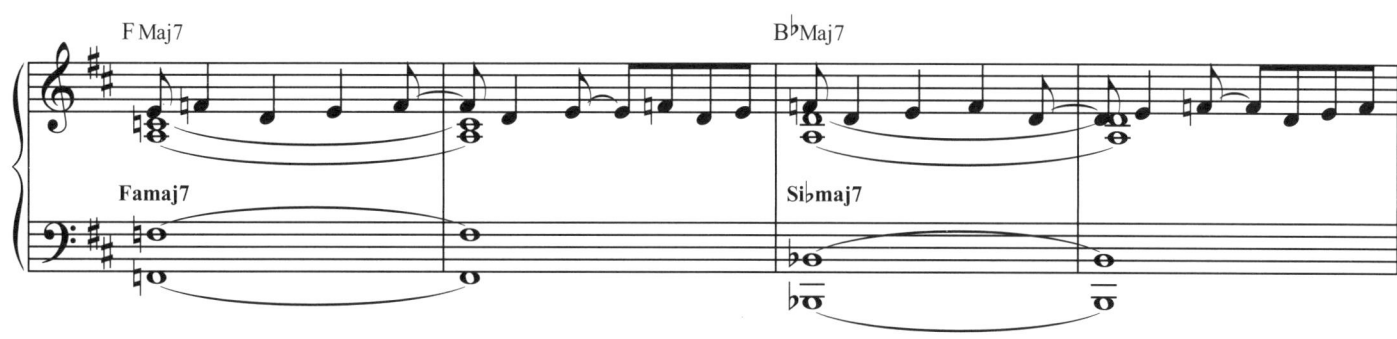

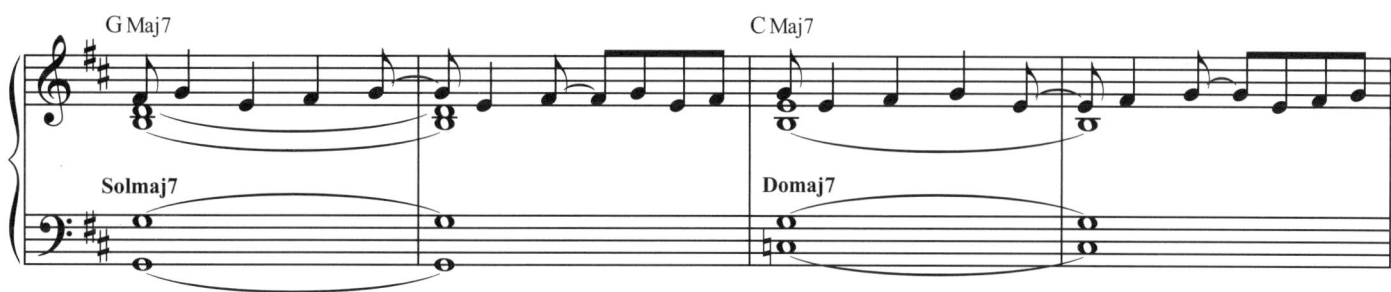

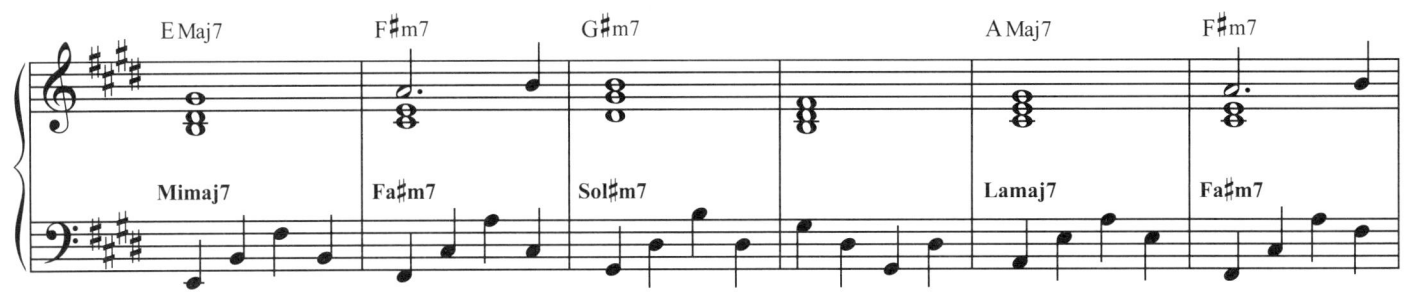

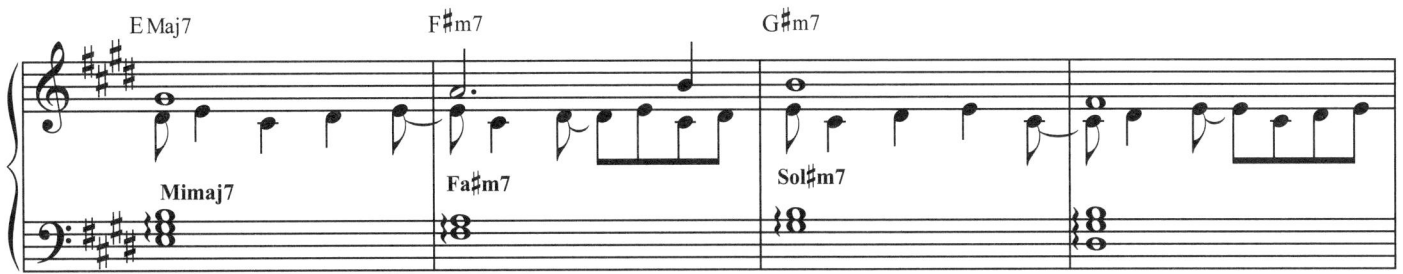
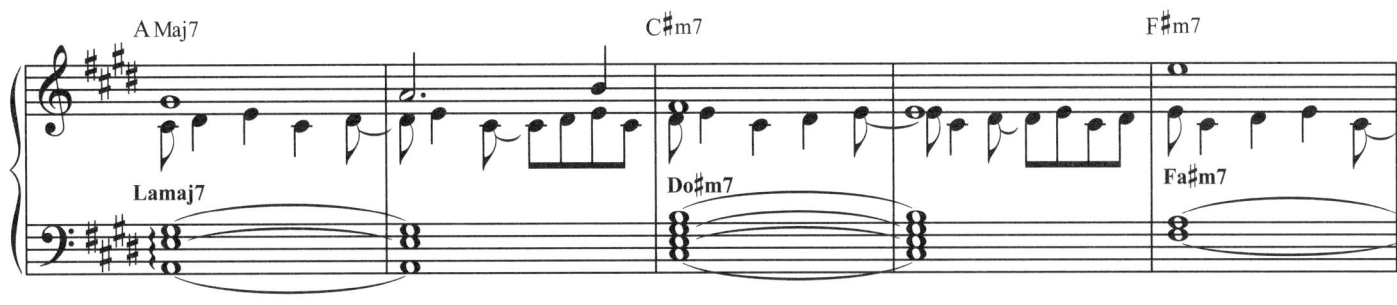
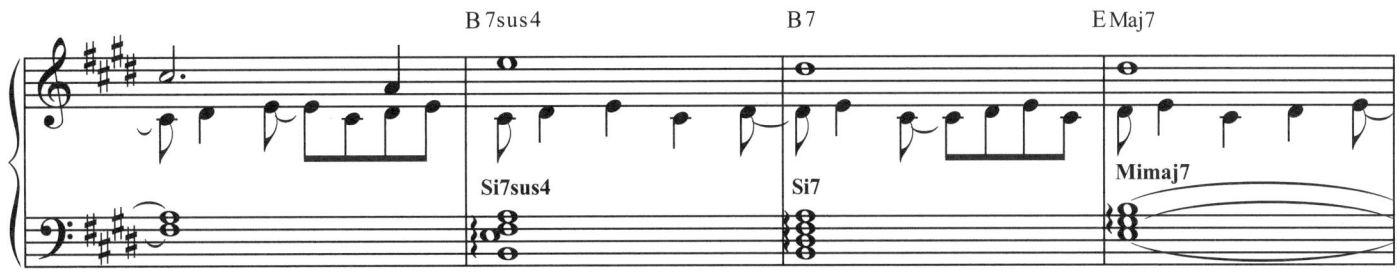
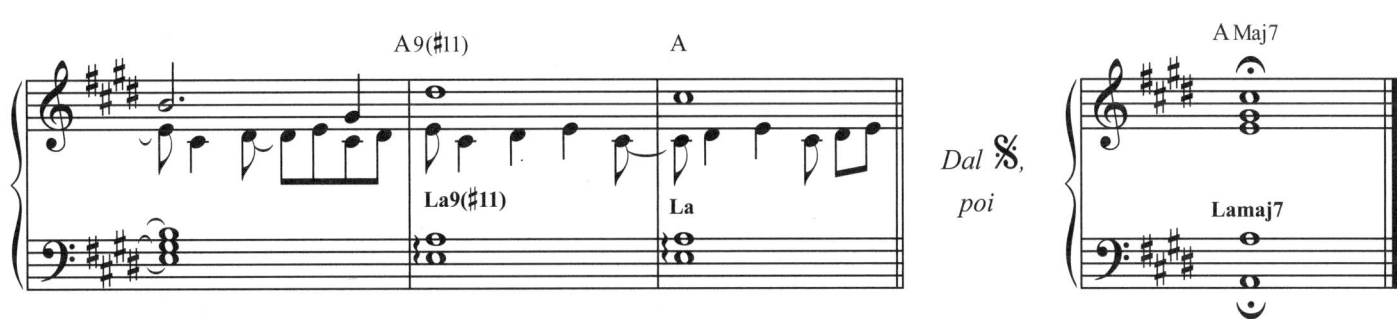

"L'uccello dalle piume di cristallo"
(The bird with cristal plumage)

NON RIMANE PIÙ NESSUNO

E. Morricone

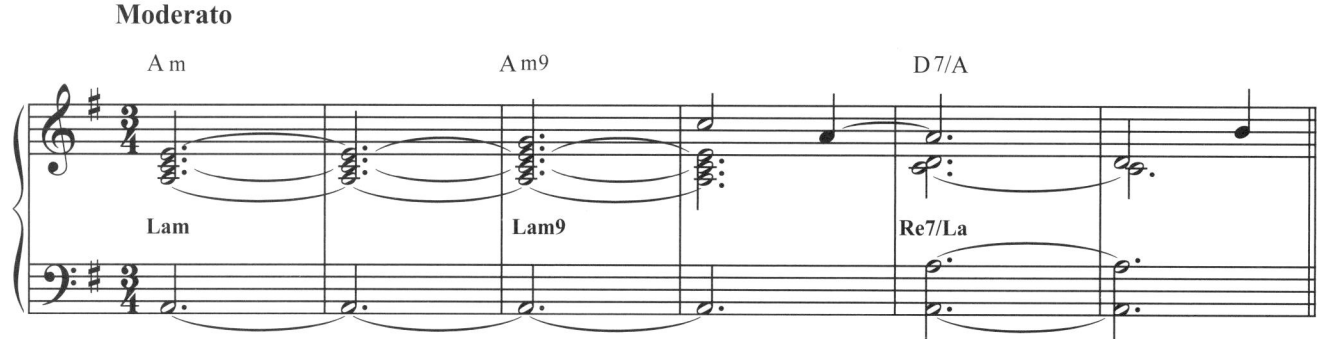

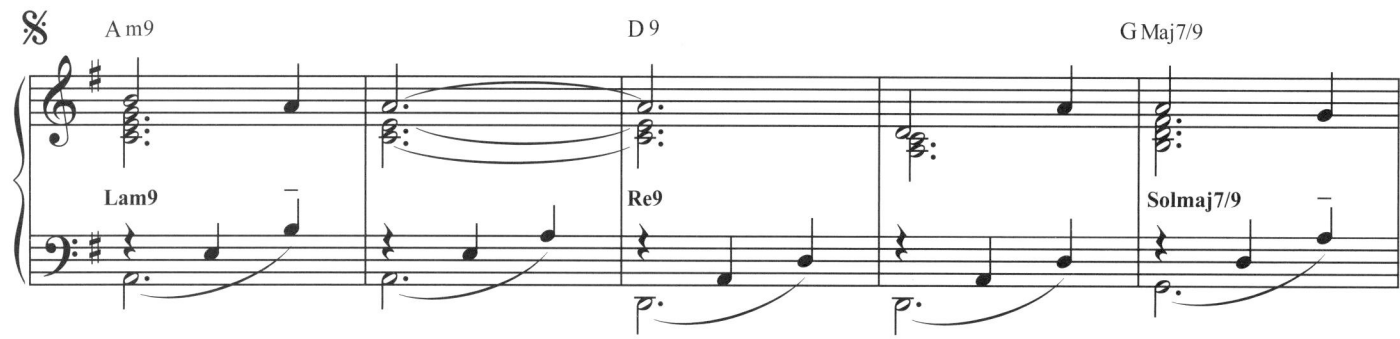

© 1970 by Edizioni Musicali BIXIO C.E.M.S.A. srl - Via Romeo Romei, 15 - Roma
International Copyright secured. All Rights Reserved.

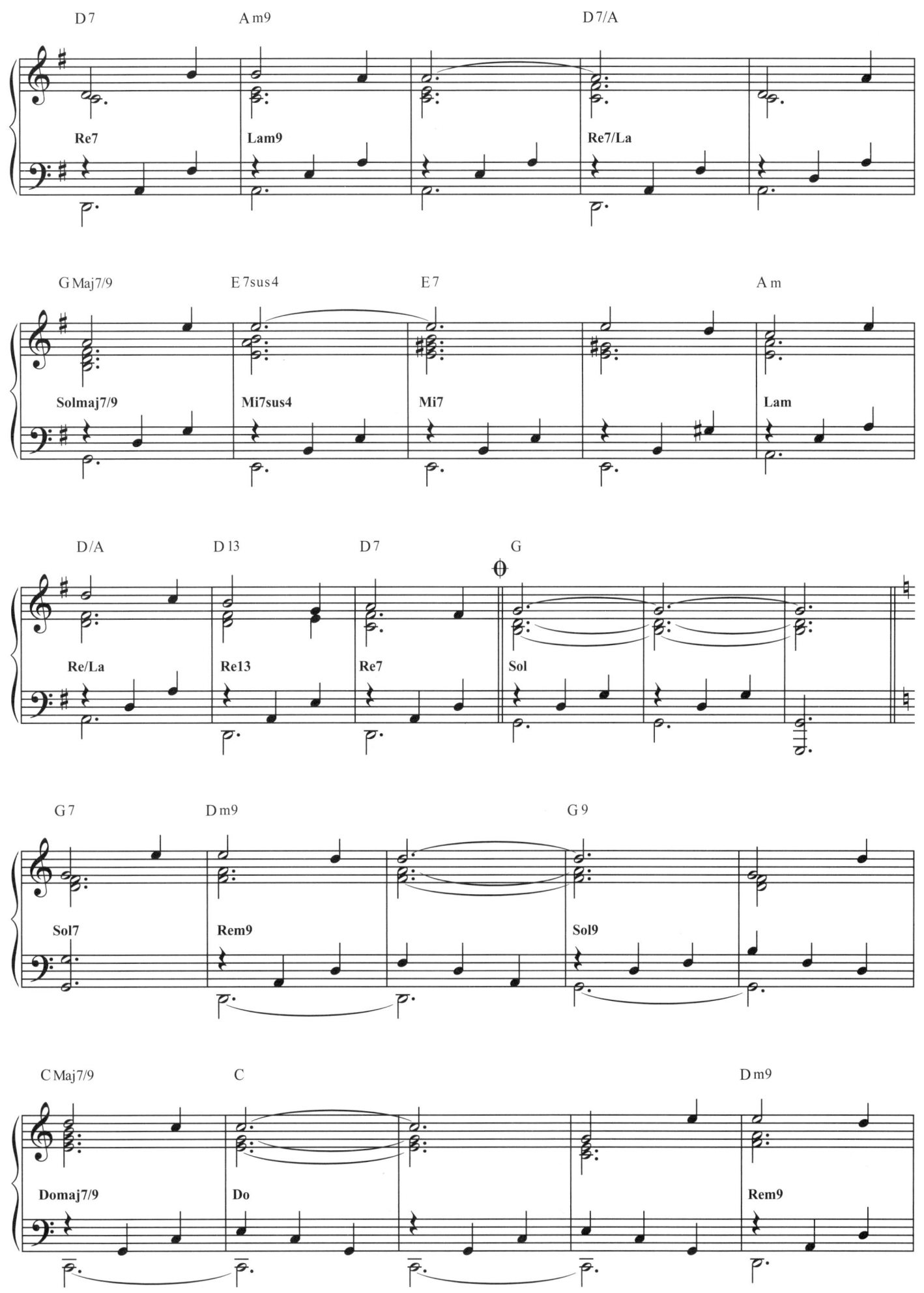

43

"Once upon a time in America" (C'era una volta in America)

ONCE UPON A TIME IN AMERICA

E. Morricone

Largo

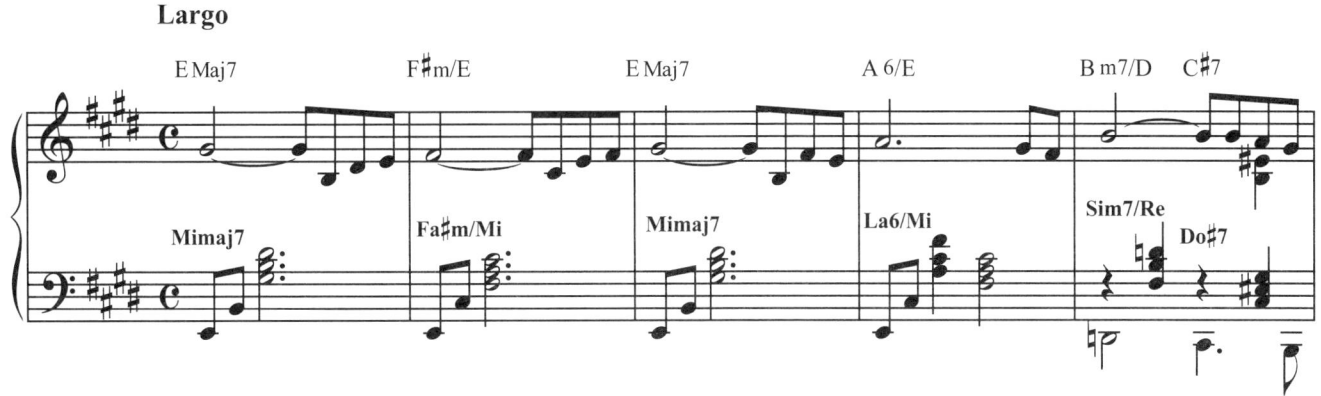

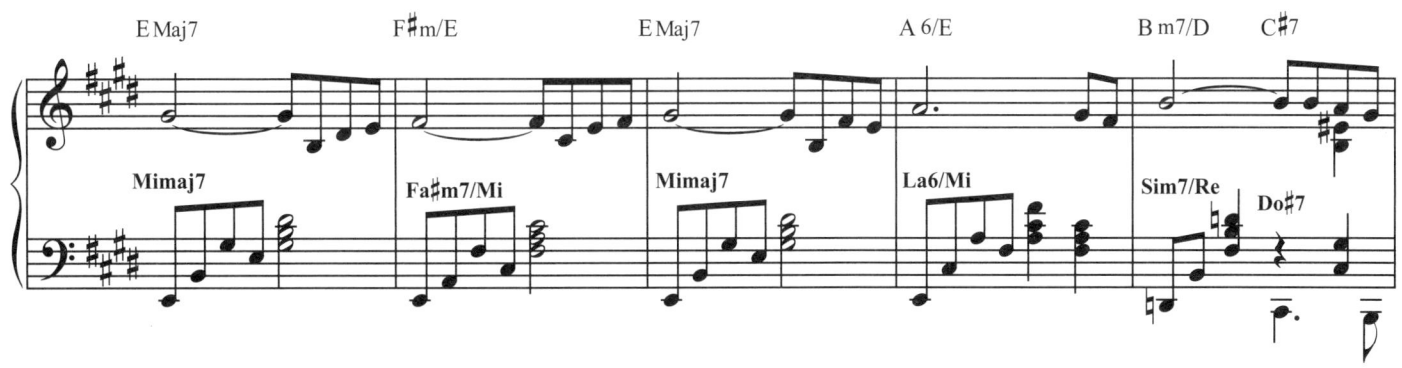

© 1984 Hapax International Pictures
Sub-editore per l'Italia: Warner Bros. Music Italy Srl - Milano
Pubblicato su licenza Carisch Srl
International Copyright secured. All Rights Reserved.

"Per qualche dollaro in più"
PER QUALCHE DOLLARO IN PIÙ

E. Morricone

© 1965 Alberto Grimaldi Productions
EMI United Partnership Ltd (Publishing) and Alfred Publishing Co (Print)
Administered in Europe by Faber Music Ltd
Reproduced by permission
International Copyright secured. All Rights Reserved.

"La leggenda del pianista sull'oceano"

PLAYING LOVE

E. Morricone

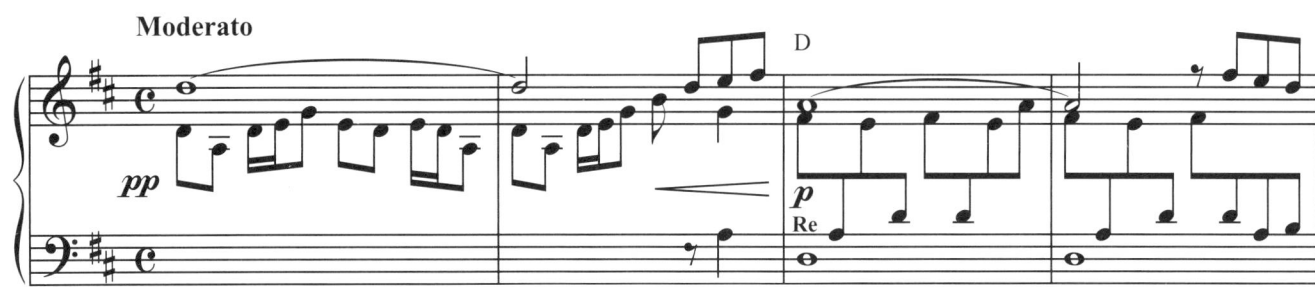
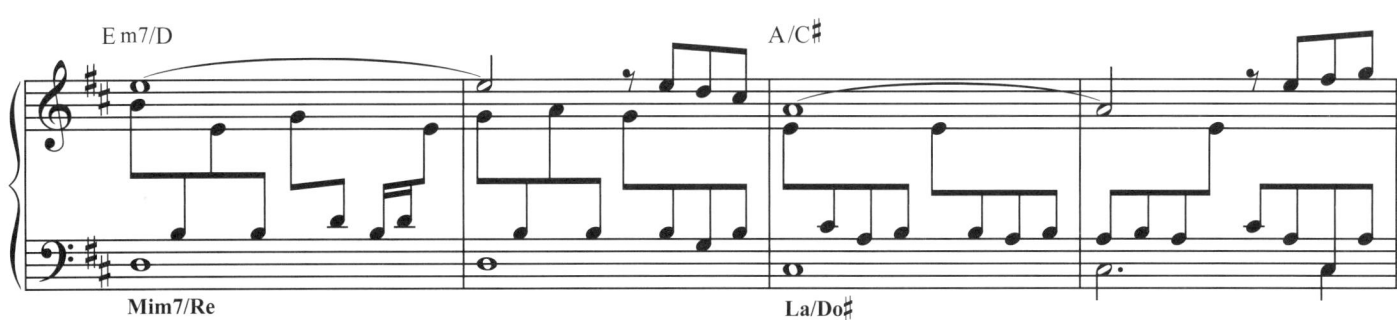
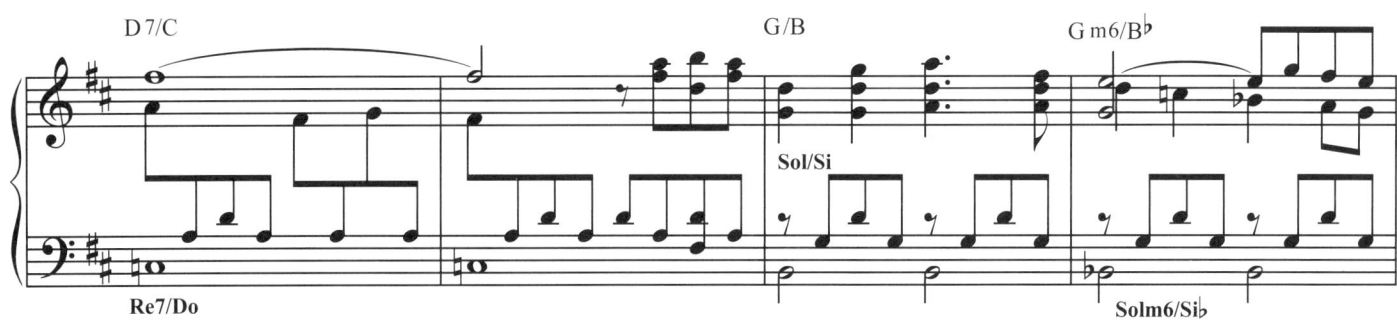
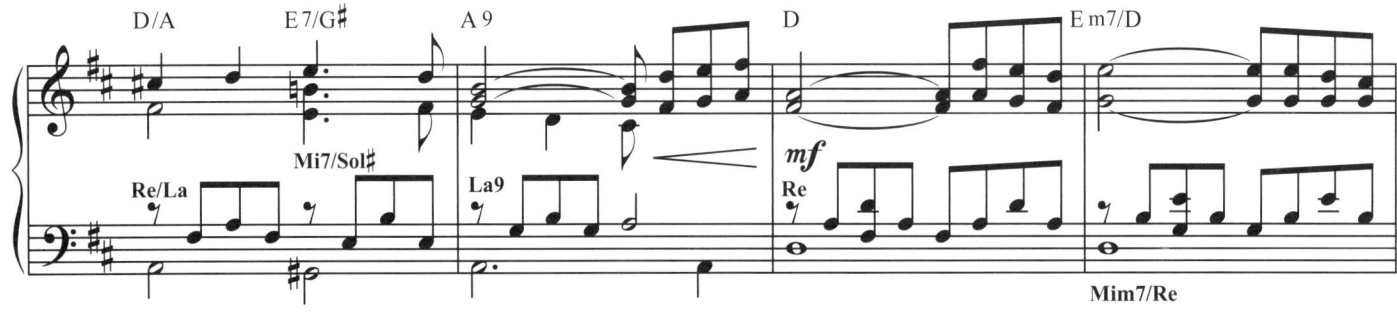
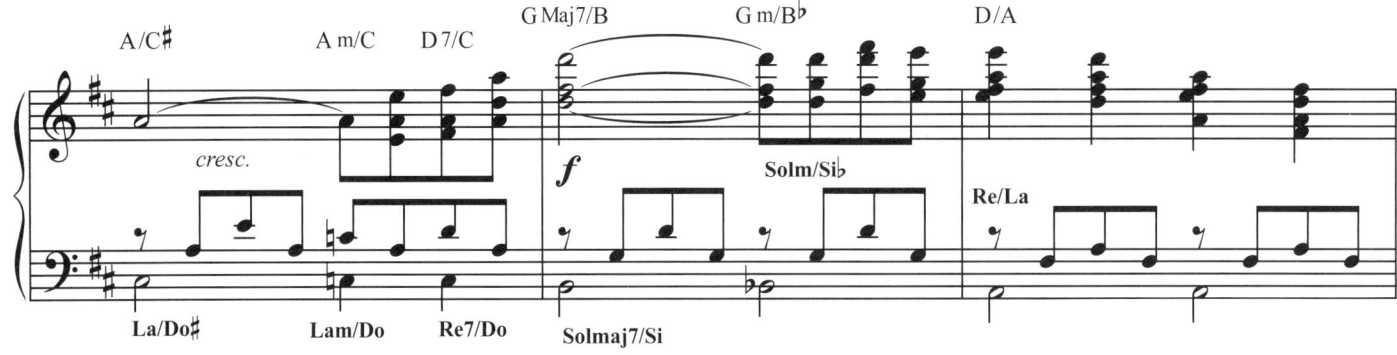

Copyright © 1997 UNIVERSAL MUSIC PUBLISHING RICORDI s.r.l. - Area Mac 4 - Via Benigno Crespi, 19 - 20159 Milano
International Copyright secured. All Rights Reserved.

"The Mission"
THE MISSION

E. Morricone

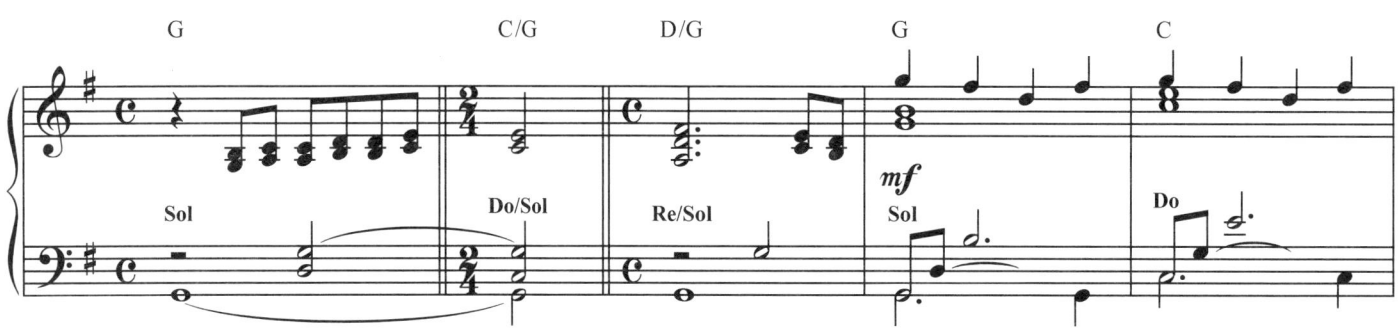
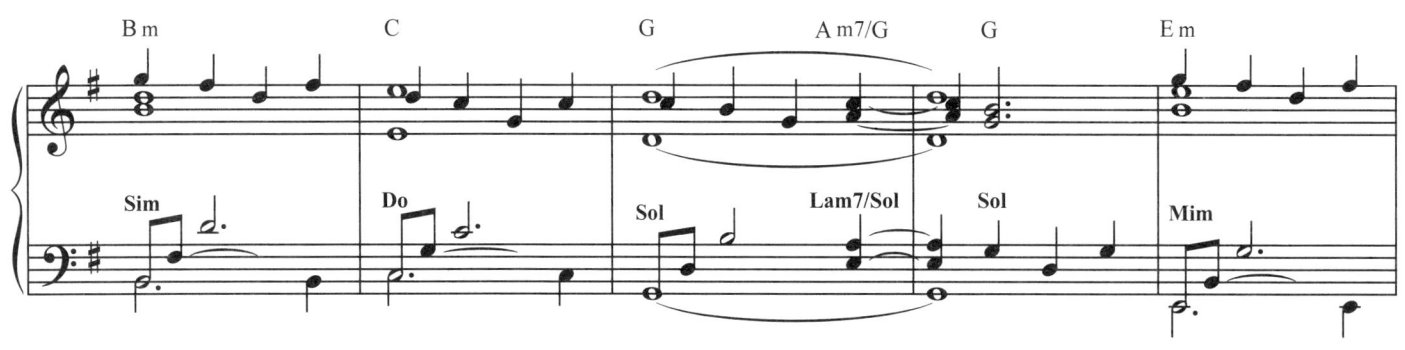
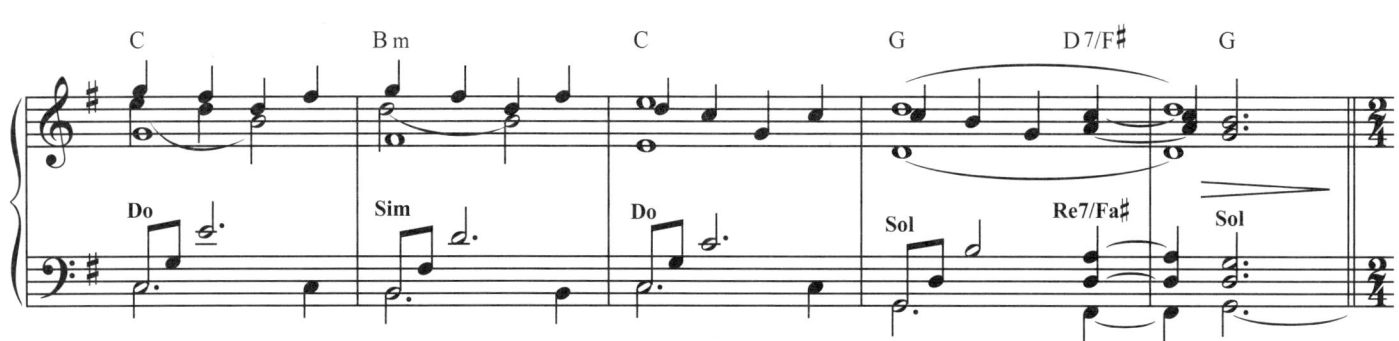

© 1986 EMI Virgin Music Ltd
Reproduced by permission of International Music Publications Ltd (a trading name of Faber Music Ltd)
International Copyright secured. All Rights Reserved.

THE UNTOUCHABLES

"Gli intoccabili" (The untouchables)

E. Morricone

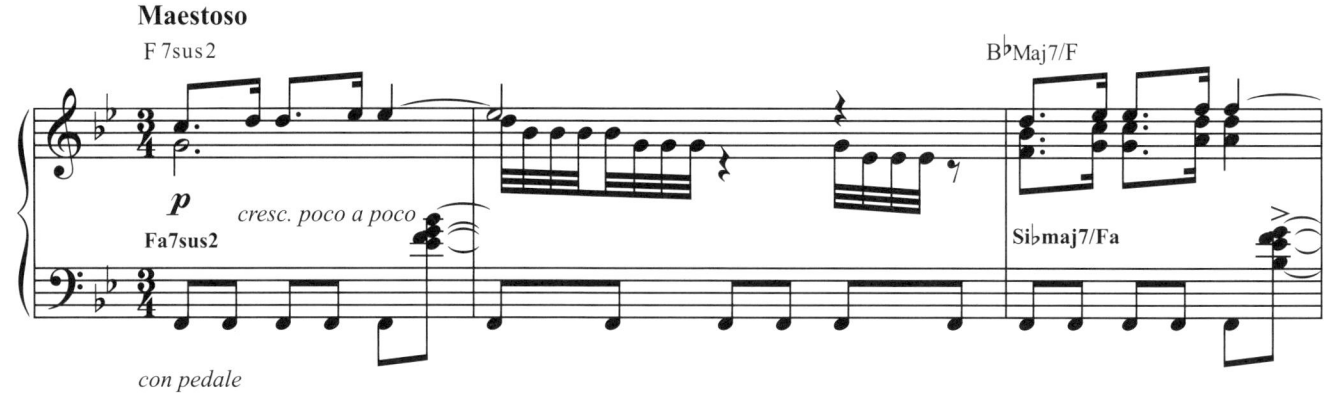

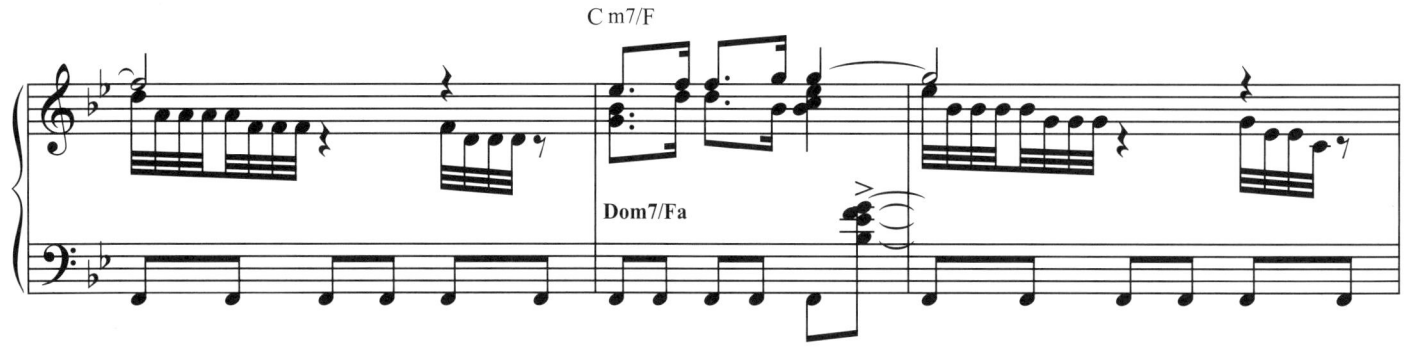

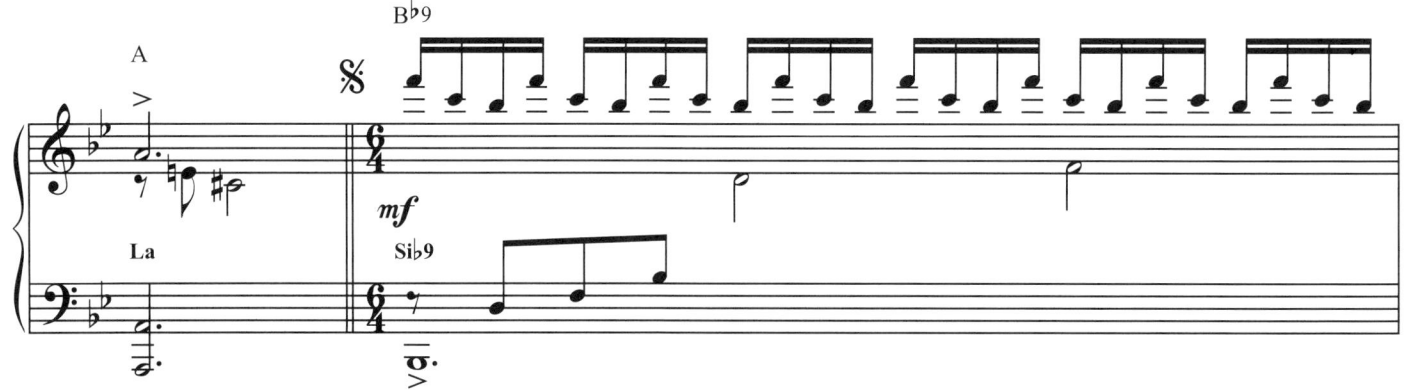

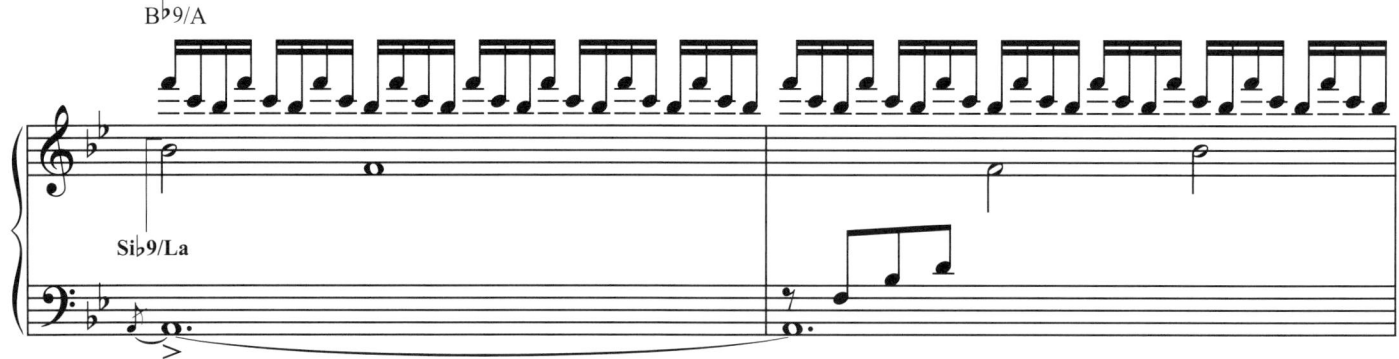

© Famous Music Llc adm. By Sony/Atv Harmony
Sub-editore per l'Italia: SM Publishing (Italy) s.r.l. - Via Gonzaga, 8 - Milano
All Rights Reserved. International Copyright Secured.

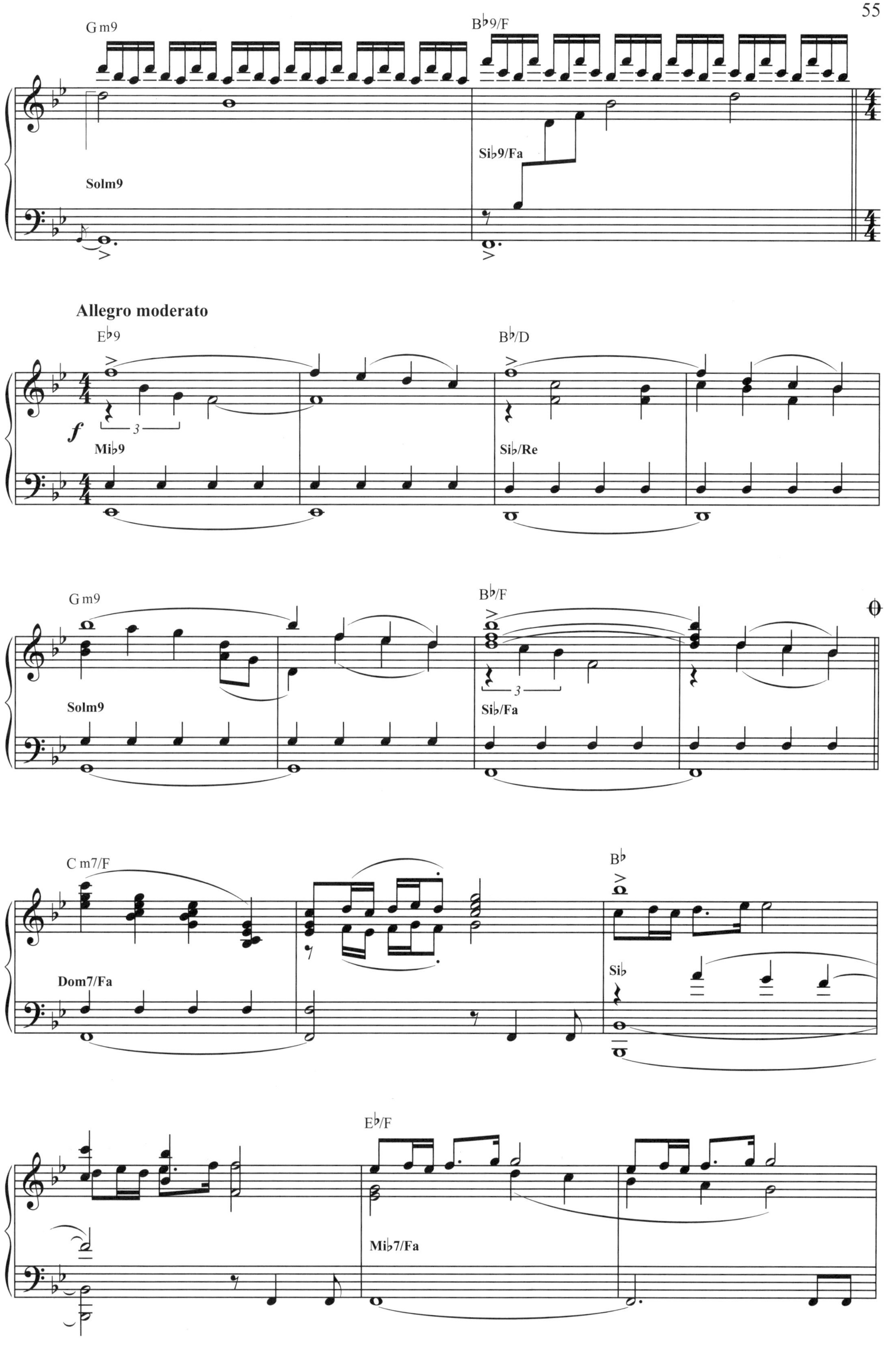

G m9
B♭9/F
Solm9
Si♭9/Fa
Allegro moderato
E♭9
B♭/D
Mi♭9
Si♭/Re
G m9
B♭/F
Solm9
Si♭/Fa
C m7/F
B♭
Dom7/Fa
Si♭
E♭/F
Mi♭7/Fa

"C'era una volta il west"

TITOLI (C'ERA UNA VOLTA IL WEST)

E. Morricone

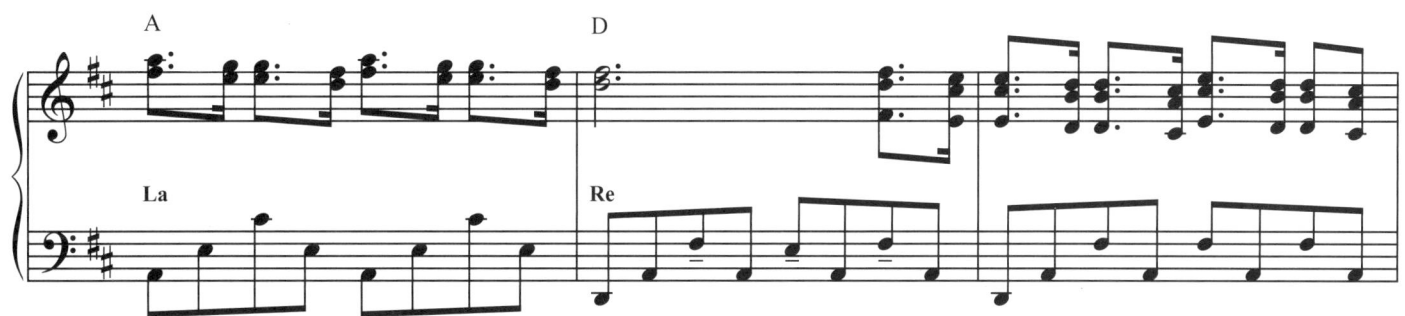
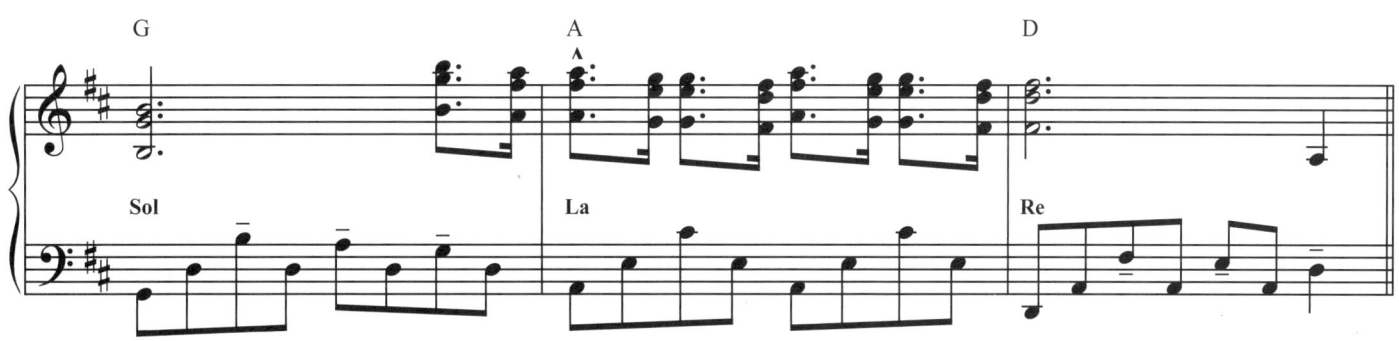
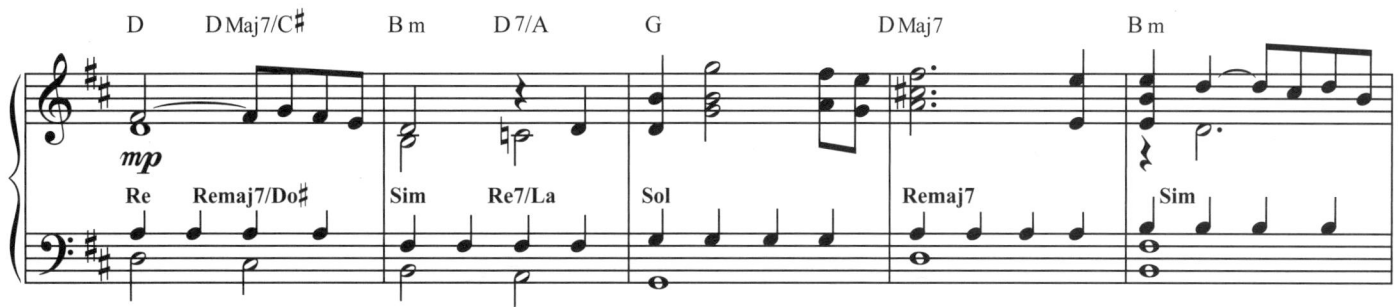

© 1969 UNIVERSAL MUSIC PUBLISHING RICORDI s.r.l. - Area Mac 4 - Via Benigno Crespi, 19 - 20159 Milano
International Copyright secured. All Rights Reserved.

"Per un pugno di dollari"
TITOLI (PER UN PUGNO DI DOLLARI)

E. Morricone

Moderato (in due)

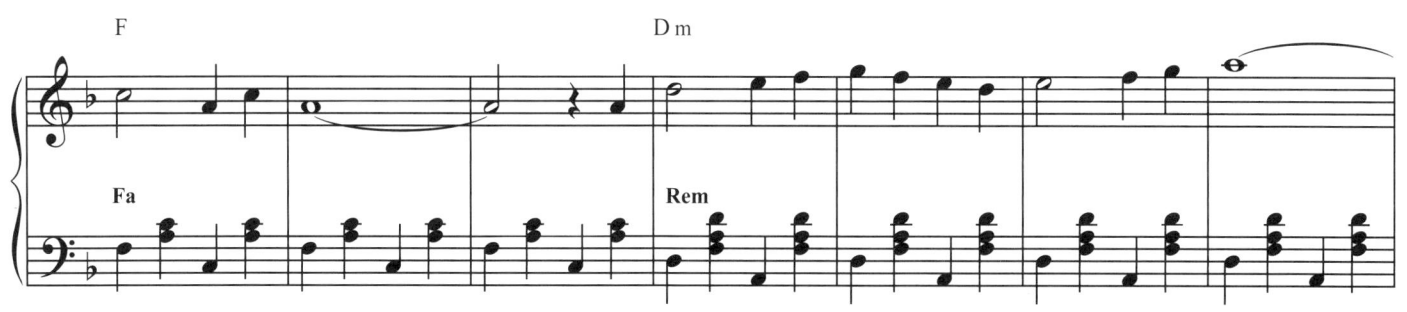

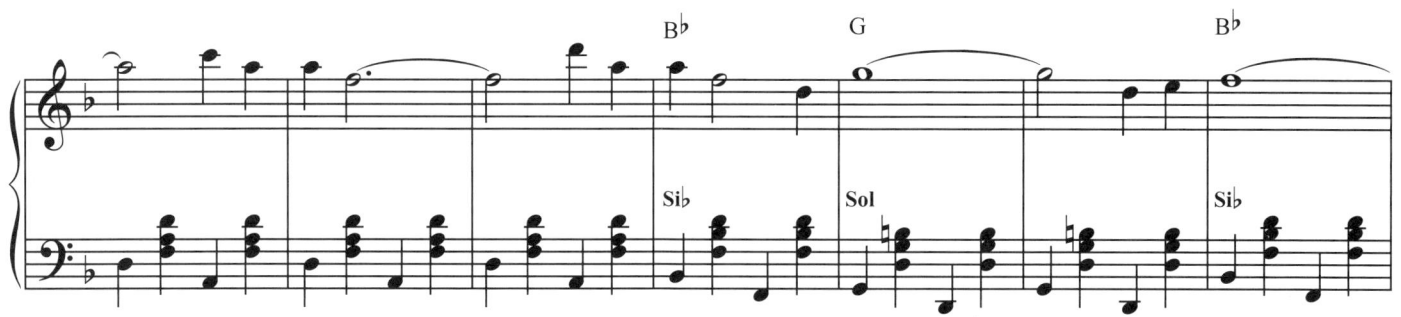

Copyright © 1964 UNIVERSAL MUSIC PUBLISHING RICORDI s.r.l. - Area Mac 4 - Via Benigno Crespi, 19 - 20159 Milano
International Copyright secured. All Rights Reserved.

"Nuovo cinema paradiso"

TEMA D'AMORE (LOVE THEME)

E. Morricone - A. Morricone

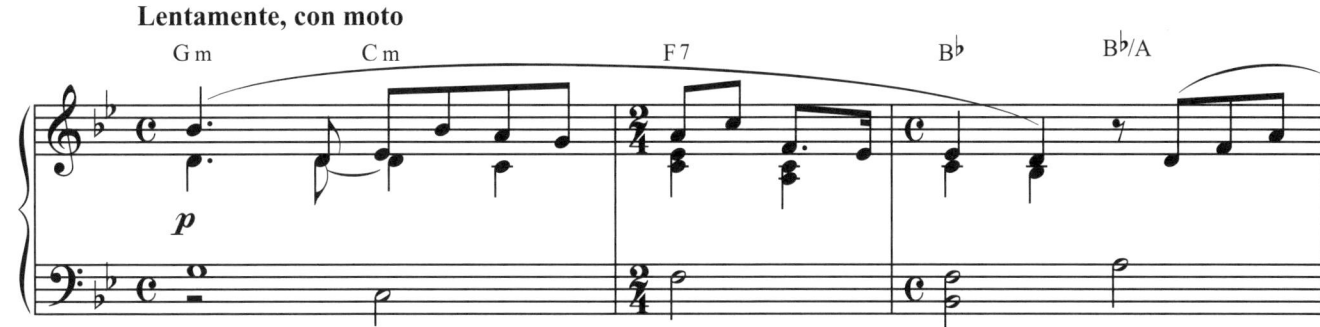

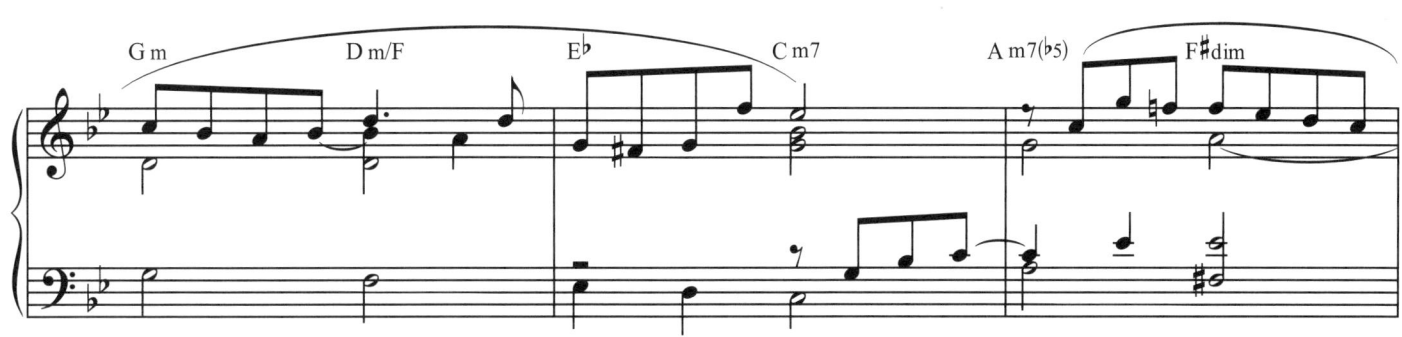

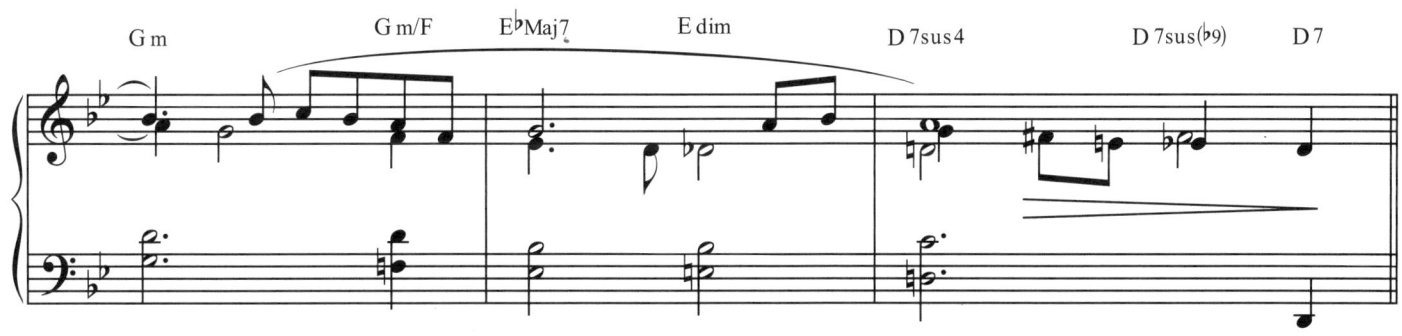

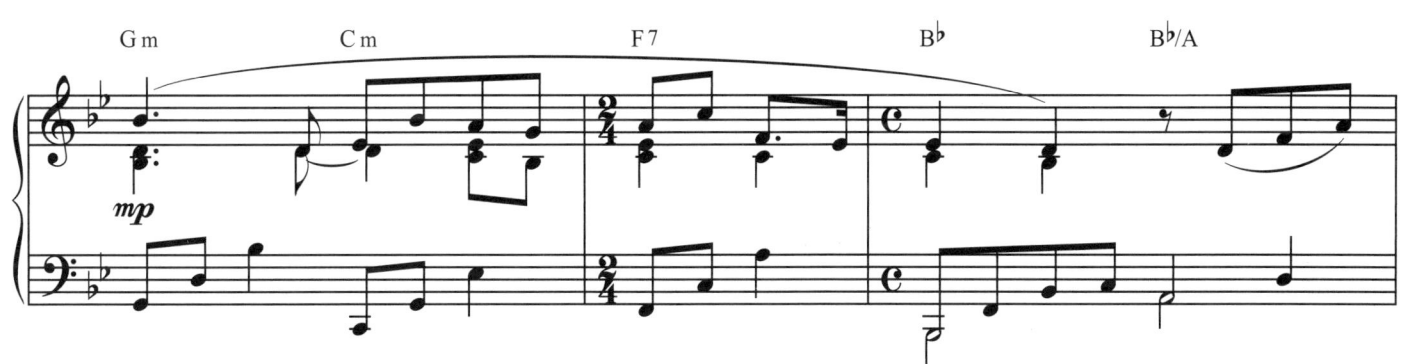

© 1988 EMI GENERAL MUSIC SRL - Via Morimondo, 26 - Milano
Tutti i diritti sono riservati a termini di legge per tutti i paesi del mondo. All Rights Reserved. International Copyright secured.

NUOVO CINEMA PARADISO

"Nuovo cinema paradiso"

E. Morricone - A. Morricone

Andante Moderato

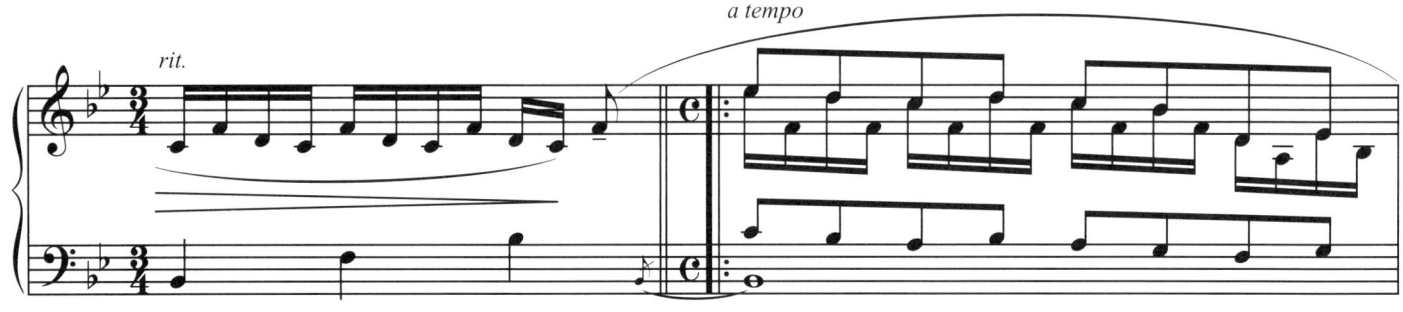

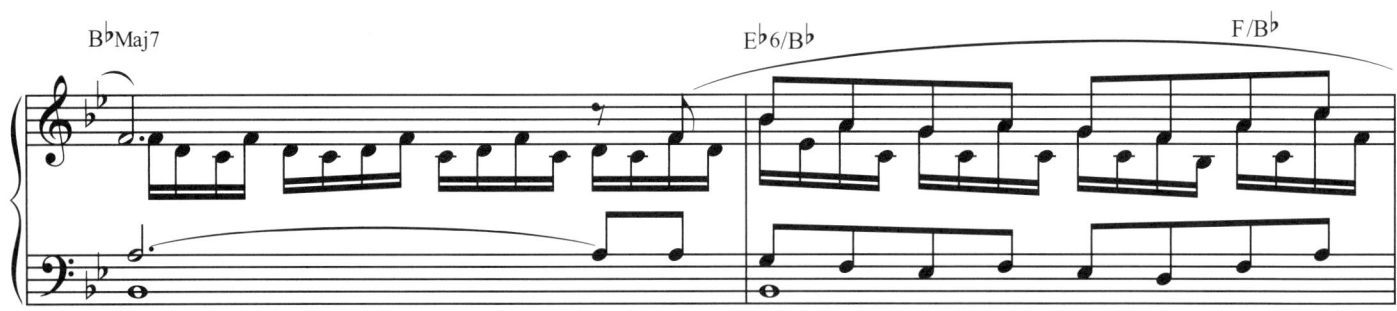

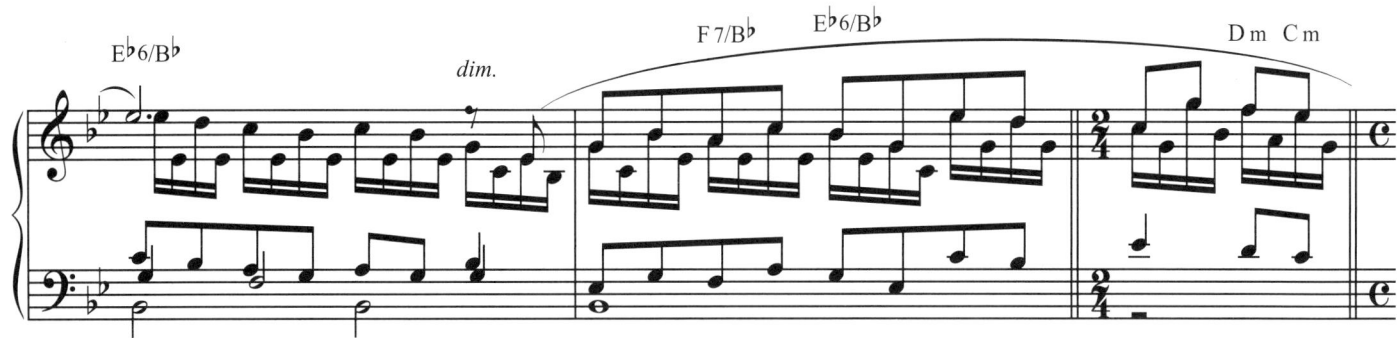

© 1988 EMI GENERAL MUSIC SRL - Via Morimondo, 26 - Milano
Tutti i diritti sono riservati a termini di legge per tutti i paesi del mondo. All Rights Reserved. International Copyright secured.

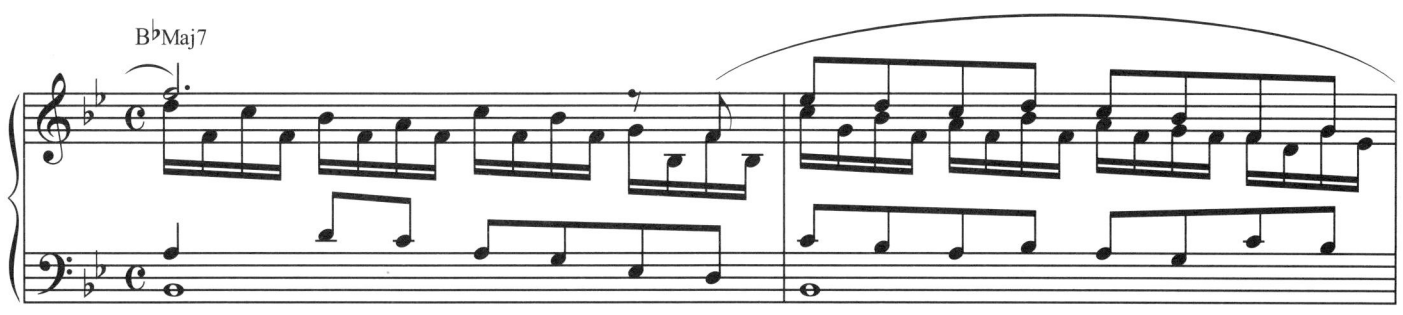
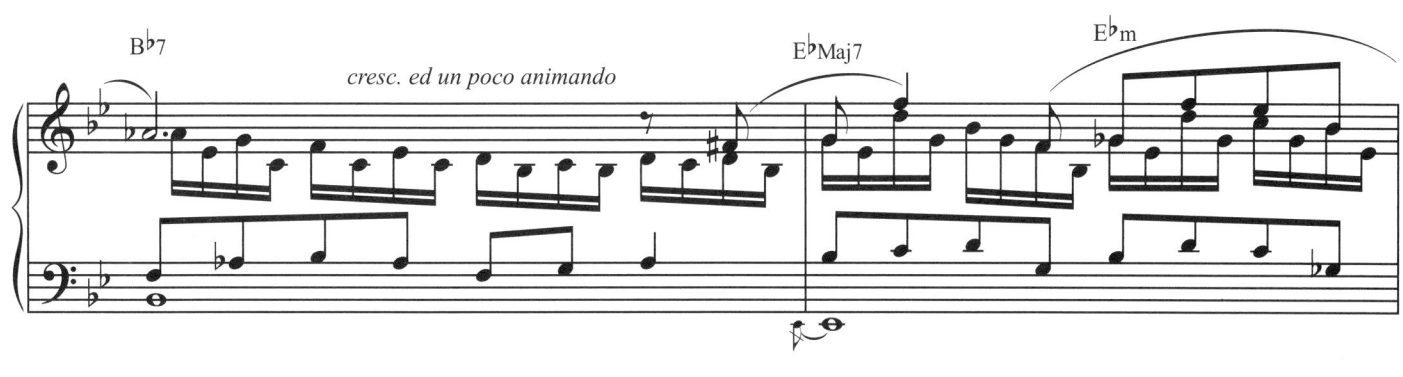
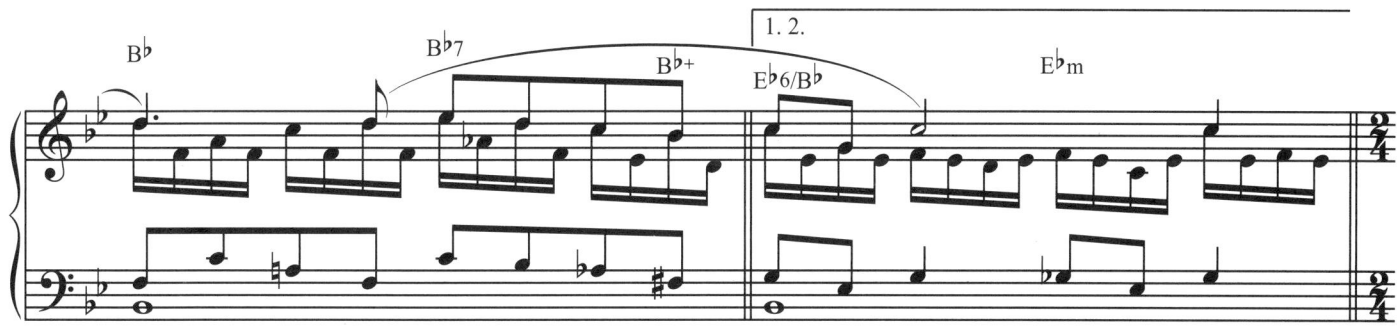
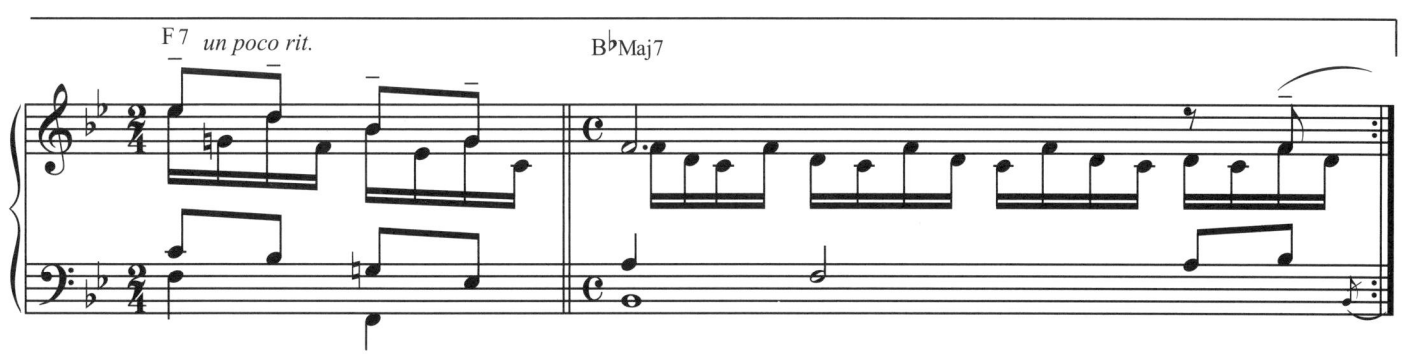
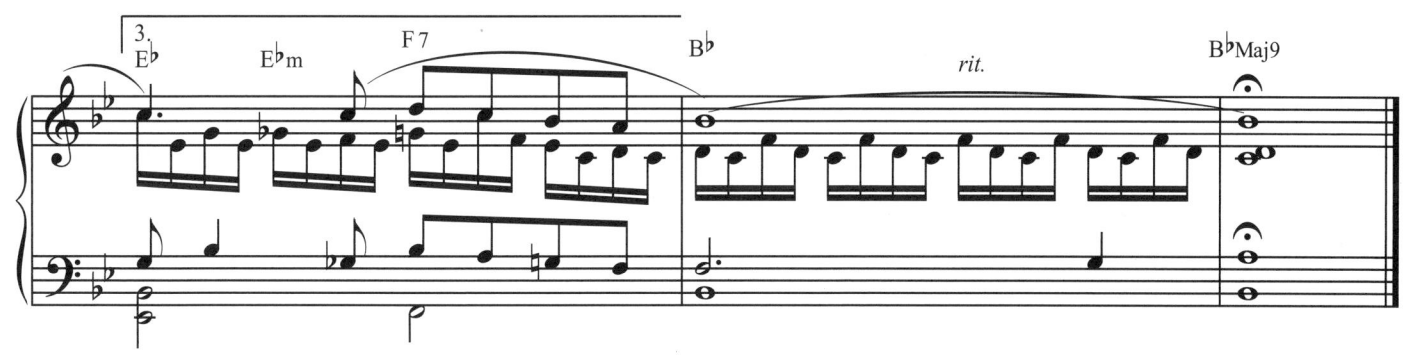

Stampa: Geca Industrie Grafiche • San Giuliano Milanese (Mi) • Aprile 2023 • Printed in Italy